AF340733

MICHEL PONS

De mon Village

à Paris

Souvenirs d'un ancien candidat
à l'Académie française

PARIS
LIBRAIRIE F. TASSEL
44, RUE MONGE, 44

AU MAITRE

Maurice **BARRÈS**

*L'un des plus grands cerveaux
contemporains, qui, par un geste
noble, a su jeter un rayon de sa
gloire sur un infiniment petit.*

De mon Village à Paris

OUVRAGES DU MÊME AUTEUR

Premiers Rêves, poésies. 1 50
Fleurs de l'âme, poésies. 3 50
En terre latine, prose 1 50
Ma petite patrie, notice historique . . . 2 »
L'Esclave, tragédie en un acte, en collaboration
   avec Maria Ravet 1 50
De mon village à Paris (souvenirs) . . . 3 50

EN PRÉPARATION :

Rimes d'âge mûr (poèmes et satires).
Science et Intelligence (étude).
Contes languedociens (mœurs méridionales).

MICHEL PONS

De mon Village à Paris

Souvenirs d'un ancien candidat à l'Académie française

PARIS
LIBRAIRIE F. TASSEL
44, RUE MONGE, 44

Il a été tiré de cet ouvrage dix exemplaires sur papier de Hollande, paraphés par l'auteur.

AVANT-PROPOS

A mon fils André,

Neuf ans ! tu es bien jeune pour que je te dédie ces lignes et que je te parle sérieusement des choses de la vie. Mais qu'importe ! j'éprouve le désir impérieux d'épancher mon cœur dans le tien et de te faire quelques confidences, que tu méditeras plus tard, lorsque l'âge, l'étude et — Dieu t'en garde ! — les soucis auront fait de toi un homme.

Crois-moi, cet avenir, qui paraît si lointain, ne manquera pas de te surprendre par sa soudaine arrivée. Alors, t'éveillant devant l'évidente réalité des devoirs que chacun doit remplir et des obligations impérieuses que la vie crée et impose à tout être humain, ce jour-là, tu discerneras mieux la portée de mes avertissements paternels et tu sauras en tirer profit.

Aux premiers chapitres de ce livre, tu méditeras les pages que j'ai consacrées à ma prime enfance. Tu verras combien elle fut active et malheureuse, et combien aussi, dans la mesure de mes forces, j'ai lutté et me suis donné tout entier au soulagement de mon père et de ma mère, terrassés par la maladie.

J'ai traversé des jours amers, des périodes sans affection, sans soutien, sans pain. Et pendant ces temps douloureux et poignants, mon faible courage et l'ardent amour que je professais pour les miens, me semblaient épuisés, anéantis, par la brutale fatalité et le sort impitoyable.

Que tenter devant une telle situation ? J'ai pleuré, j'ai prié, j'ai travaillé avec ferveur et avec espoir, — avec cet espoir qui virilise le cerveau et soutient l'élan vers les combats suprêmes.

Dieu, dont la bonté est immense pour les petits et les déshérités de ce monde, eut enfin compassion de mes infortunes et de mes larmes. Il me réconforta généreusement au milieu de ces pénibles revers, contre lesquels j'ai dû tenir tête, alors que je n'étais encore qu'un pauvre enfant noyé dans la détresse qui assaillait toute ma famille.

Eh bien ! oui, mon cher fils, je te l'avoue sans honte : dans mon beau village de Bouillargues, tout auréolé de douce poésie et de tendres souvenirs, j'ai tendu la main autour de moi, pour ton grand-père et ta grand'mère qui râ-

laient sur la même couche de douleur et de
misère.

De cet aveu, je ne rougis point. Au contraire,
je sais trop bien que j'accomplissais un strict
devoir, en faisant ce geste de piété filiale.

Car, tu le sauras un jour, les enfants qui
n'aiment, ni ne secondent leurs parents — les
enfants qui n'ont pas appris la vie à l'école du
malheur — ceux-là deviennent plus tard des
hommes incomplets et demeurent toujours fermés hostilement aux peines d'autrui et aux
innombrables détresses humaines.

Souviens-toi que les preuves d'une noble vie
sont toutes dans les actes et non dans les paroles, qui retardent et amollissent les actions.

Point n'est utile de former un long projet,
pour faire le bien, si l'on veut le faire. Faire le
bien à autrui, c'est se donner du bonheur à soi-
même.

Il n'est que d'avoir eu bien faim, d'avoir plié
sous les plus dures besognes, d'avoir bataillé
contre le sort, d'avoir souffert dans sa chair et
son âme, pour connaître intimement, plus tard,
les douces consolations, les joies muettes, que
procure l'aumône, cette divine auxiliaire de la
misère.

Qu'on l'accepte ou non, l'aumône est un des
fruits de la morale, comme la morale, elle-même,

est le fruit direct des religions. Et sans religion, il est manifeste que tout homme a une tendance à croupir dans l'égoïsme et à devenir un méchant.

Sur ces vérités si certaines, on pourra épiloguer autant qu'on le voudra, on pourra amplifier les déductions philosophiques jusque dans l'inextricable maquis où se retranche cette sorcière — disqualifiée et si nue, malgré ses vaines parures ! — que l'on nomme *la Science;* jamais il ne sera possible à nos pauvres critiques et dialecticiens modernes de contester, de prouver logiquement que la foi n'est pas une *force* et la seule force qui vaille ! C'est cette force agissante et propulsive qui soutient, dirige ou ramène les hommes vers un idéal consolant, tout de bonté, de paix et de beauté.

Oui, mon fils bien-aimé, écoute-moi bien, — moi qui suis moins qu'un primaire, — ne crois pas en la Science, parce qu'elle est à la fois illusoire et négative, parce qu'elle évolue dans le vide des probabilités, et s'appuie sur le néant des hypothèses.

Au contraire, crois en l'intelligence, ce soleil des âmes qui ressuscite les mondes morts et fait jaillir du fond de l'inconnu des merveilles parmi les merveilles.

Voilà, mon cher fils, les quelques réflexions que j'ai voulu tracer à ton intention, au fronton de

ce livre — au moment où j'approche du crépuscule de ma vie — alors que bientôt la vieillesse va m'accorder un repos, que mon courage
toujours sur la brèche et mon goût de la bataille pour la vérité et l'Idéal, refuseront, à vrai
dire, le plus longtemps possible.

MICHEL PONS.

De mon Village à Paris

I

Je ne sais comment sont faits les autres hommes, mais, moi, paysan rustre, lorsque ma pensée se retrempe dans le passé et s'envole sur les ailes du souvenir vers cette chère *petite patrie*, qui est comme le paradis de mes rêves, j'oublie tout pour n'entrevoir que sa divine poésie.

Nulle joie ne m'est plus douce, nulle émotion ne nourrit mieux la sensibilité de mon âme simple que l'évocation de ce beau pays natal, peuplé de réminiscences immortelles. Aussi, est-ce avec amour et vénération que j'aime et bénis mon humble village, qui m'est plus précieux et plus cher que toutes les capitales du monde.

Ah ! je comprends la douleur de l'antique poète Joachim du Bellay, quand, exilé à Rome et mourant de nostalgie, il jetait aux échos de sa lyre cet émouvant cri du cœur :

Quand reverrai-je hélas ! de mon petit village
Fumer la cheminée et par quelle saison
Reverrai-je le clos de ma pauvre maison,
Qui m'est une province et beaucoup davantage.

. . . .

Plus me plaît le séjour qu'ont bâti mes aïeux
Que des palais romains le front audacieux
Plus que le marbre dur me plaît l'ardoise fine,

Plus mon *Loire* gaulois que le Tibre latin,
Plus mon petit Liré [1] que le mont Palatin,
Et plus que l'air marin la douceur angevine.

De tels vers, ont dans leur simplicité, le don et la puissance de ranimer bien vite dans le cœur de tout *déraciné* l'amour de la petite patrie.

O ma petite patrie ! combien je t'aime ! je ne rêve qu'à toi, à ton clocher, à tes maisons, à tes champs. Oh ! vienne bientôt l'heure, où, délaissant pour toujours cette Babylone moderne qu'est Paris, je pourrai venir me reposer sous tes toits et boire les rayons de ton soleil revivifiant !

Là, au milieu des miens, qui sont restés fidèles aux traditions et aux croyances des ancêtres, je coulerai mes vieux jours — les meilleurs — en attendant la bonne mort que Dieu voudra me donner. Quel précieux viatique pour le cœur d'un exilé que l'évocation de la terre natale, de celle où il a vécu comme un poussin sous l'aile, dans

---

1. Son pays en Anjou.

la chaude affection familiale, la foi consolante, l'honneur des gens simples et le travail !

Plusieurs écrivains de la véritable école française ont discerné les trésors d'observations, les purs exemples de courage anonyme et de vertu sans ambition, qui abondent, chez ces paysans restés eux-mêmes, loin des cités dévorantes.

Certains ont fixé les traits particuliers de ces caractères terriens, qui aiment la terre comme leurs enfants et la soignent avec le même dévouement, le même amour. Ces écrivains-là ont conquis l'admiration des foules, et leur œuvre demeure essentiellement moralisatrice.

On connaît les beaux et sains romans de René Bazin. Ses personnages sont tous saisis sur le vif, selon une méthode différente, mais une probité égale à celle du maître dessinateur Baric.

Dans le même ordre d'idées, l'homme par excellence, le sublime artisan de lettres, celui qui a le plus magnifiquement contribué à faire respecter, à faire aimer les traditions ancestrales de la petite patrie, c'est Maurice Barrès.

Ses livres sont d'une telle puissance de persuasion, d'une si généreuse élévation de sentiments, d'un si profond intérêt psychologique, que chacun de nous doit humblement reconnaître, en l'auteur des *Déracinés*, la transcendance de l'indéniable génie.

Ferdinand Fabre, qui, comme Charles Maurras, a signé de fortes pages sur les coutumes locales, sur les libertés provinciales d'antan et la décentralisation, faisait un jour ces justes **réflexions** :

« Ce qu'il faudrait, c'est que chacun de nous
« écrivît l'histoire de son village, de son coin de
« terre, ce qu'il sait, ce qu'il sent... Que de belles
« œuvres nous aurions ainsi, puisque ce seraient
« des œuvres vraies! »

D'autre part, le poète méridional Roumieux,
dans son harmonieuse langue d'oc, a **musicalisé**
ces deux vers si simples et pourtant si descriptifs
du vrai bonheur de l'âme, ces vers qui réveillent
en mon cœur une nostalgie lointaine :

> *... Chaque oiseau*
> *Trouve son nid beau.*

Oui, je ne cesserai de le proclamer de toutes
mes forces, j'aime mon nid, mon village, car je
m'y sens lié éternellement par les souvenirs précieux d'une enfance, qui s'y déroula dans le respect et l'amour des aînés de ma race.

Et ces souvenirs impérissables me sont d'autant
plus chers qu'ils renaissent maintenant plus vi-
vaces que jamais, dans mon cœur resté fidèle au
culte des aïeux, comme à leurs croyances régénératrices.

Lorsque je me recueille, je revois sans cesse
nettement configuré devant mes yeux mon silen-
cieux et doux village : Bouillargues, bâti au pen-
chant d'un riant coteau qu'escalade la végétation
luxuriante de la vigne ; Bouillargues dominant la
plaine sans bornes qui s'étire d'Avignon à Montpellier, en ces calmes là-bas, où Nîmes-la-romaine

toute parée de son passé glorieux, se repose et somnole sous les lauriers des grandioses époques.

Ce coteau, sur lequel mon village, comme une sentinelle semble monter la garde, fait trait d'union ou plutôt délimite les deux fières provinces : Provence, Languedoc.

En l'une de ces deux provinces-sœurs, le patois — le patois qui est une langue — paraît moins musical et moins pur que dans l'autre ; cette constatation se prouvera si l'on veut bien y porter attention.

Alors que les Provençaux avec leur lyrique intonation, chantent presque leur parler, les Languedociens, plus calmes, plus maîtres d'eux, le prononcent avec une telle douceur et avec des accents si variés qu'il peut être compris par tous les latins. Ces deux langues, quelles que soient leurs dissemblances, leur articulation distincte, ne sont qu'une seule langue, si l'on veut bien considérer leurs racines étymologiques. Cette constatation est suffisante pour que nous travaillions énergiquement à leur conservation à titre égal.

Mon village se forma vraisemblablement au ve siècle. Il n'eut d'autre mérite à travers les âges que d'avoir donné le jour à saint Félix, premier évêque de Nîmes, et produit quelques soldats et quelques médecins. Mais, aurait-il le plus beau blason de toutes les cités françaises, fût-il la plus glorieuse des villes, je ne l'en aimerais pas davantage.

Mon village, je l'ai dans mon cœur, parce que

ses champs, ses habitants, ses maisons sont en moi. Je le porte dans ma pensée avec les souvenirs de ma jeunesse laborieuse et misérable, avec la mémoire des êtres chers que j'adorais : mon père, ma mère...

Aujourd'hui encore, lorsque je passe devant l'humble demeure paternelle, je la regarde, à la fois, avec joie et avec douleur ; l'émotion me fait ralentir le pas ; je ne détache plus mes yeux de son toit hospitalier, de sa porte rustique, toujours calée contre le vent de tramontane.

Quand j'accomplis ce pèlerinage, j'ai le recueillement de celui qui approche d'un lieu sacré. Je souffre et me réconforte de donner consistance par le miracle de l'évocation aux chères images du passé. Voici la table de famille, le coin de l'âtre où le grand-père, durant les veillées, nous contait de si jolies sornettes. Voici mon lit au pied duquel chaque soir, maman, me faisait réciter ma prière. Lorsque je revois tout cela, je suis ému et je pleure comme un enfant...

Pauvres parents endormis pour toujours !

Chère maison qui passa à d'autres mains !

. . . .

Avant de retracer les heures tristes ou heureuses de ma jeunesse, de toute la force de mon amour, je veux encore une fois saluer cette vénérable demeure, pieux sanctuaire de mon humble famille, où vivent à jamais les inoubliables souvenirs de mon enfance.

Si Dieu m'en laisse le temps, cette maison qui

fut mon nid, et, où vécurent cinq générations de mes aïeux, cette maison — je l'assure — m'appartiendra... un jour...

Mon grand-père, la bonté et le bon sens même, disait un soir à la tablée de famille, en cette langue pénétrante, qui est un écho de l'ancienne langue des Dieux d'Athènes, ces paroles simples et belles qui sont restées gravées dans mon cœur :

« Le travail et l'économie nous donnent non « seulement le pain et le bien-être, mais nous « laissent parfois espérer la fortune. »

Enfant, j'ai entendu ces saines réflexions suggérées par l'expérience et l'âge. Aujourd'hui il m'est doux et réconfortant d'écouter, par delà les années révolues, la voix de l'ancêtre et de vérifier tout le bienfait dont je lui suis redevable.

En même temps que ma pensée se retourne vers la petite maison de Bouillargues, vers le coin de feu où grand-père sentenciait ses vérités en aphorismes obscurs, il me semble encore que sa main passe et repasse sur mon épaule et que le baiser de bonne nuit qu'il me donnait laisse autour de mes tempes un peu de sa tendresse d'antan.

Mon enfance. — Mon frère. — La lutte pour la vie. — Mon père et ma mère malades. — Jours de misère. — Le bon docteur.

Les premières années de mon enfance furent des plus heureuses. Choyé, dorloté par une mère douce et bonne, par un père dévoué, tout d'abord la vie me fut ainsi que pour mon frère, une fée bienfaisante qui nous donnait sans mesure le pain et le bonheur.

Sans repos, mon père travaillait chez des fermiers ou chez des propriétaires du pays : il gagnait 1 fr. 50 par jour. Ma mère, après les besognes de son ménage, ajoutait au budget familial, en cousant et en lavant du linge, 3 ou 4 francs par semaine.

Quand j'eus huit ans — mon frère Esprit en comptait douze — nous glanions, grapillions ou encore cueillions parfois, dans les champs, des coquelicots, des fleurs de bourrache ou de mauve que nous achetait à vil prix un intermédiaire des pharmaciens et des herboristes.

En hiver, par les plus mauvais temps, c'étaient des interminables courses dans les forêts de Bellevue et de Signan, d'où nous revenions chargés d'un lourd faix de branches mortes, que, péniblement, mais, avec un orgueil bien légitime, nous rapportions au logis, sachant d'avance que ce bois nous vaudrait quelques chaudes veillées autour de l'âtre, aux côtés du grand-père.

Lorsque notre mère nous voyait arriver, elle était heureuse. Nous embrassant tendrement, elle disait :

— Mes enfants, vous êtes bien gentils, je suis contente de vous. Le Bon Dieu vous fera grandir davantage et vous serez plus forts pour travailler.

D'autres fois, chacun portant au bras son panier de roseau tressé, nous descendions, la main dans la main, la plaine du Vistre. C'est là que sinue la célèbre voie domitienne de Nîmes à Arles, qui borde le beau parc du château féodal de Vendargues, et c'est sur cette route, si noble par ses souvenirs — César y passa — que nous ramassions, par tous les temps, le crottin des chevaux et des bœufs, qui allaient ou revenaient du marché aux bestiaux de Nîmes.

La récolte faite, nous hissions nos paniers sur la tête, et c'était le retour vers la maison, où notre mère nous attendait avec impatience. Détail qui a sa valeur : ainsi, tous les ans nos parents pouvaient renouveler la fumure de notre unique et modeste lopin de terre.

Heureux jours ! Chacun de nous, petite abeille dévouée à sa ruche, y apportait joyeusement le fruit de son effort.

Cette période de bonheur et de travail ne fut pas de longue durée. Nombreux, des revers surgirent, et, la fatalité aidant, ce fut bientôt la misère. Notre père tomba malade. Il était presque rétabli d'une fluxion de poitrine, quand, de rechutes en rechutes, le mal empira. Neuf longs mois, il resta cloué sur son lit de douleur. Au cours de sa maladie, six mois durant, notre mère vaillante, infatigable, rivalisa de courage, de dévouement pour aider à sa guérison, passant les nuits sans sommeil, les jours sans repos, se multipliant enfin, en soins infinis....

C'était trop de surmenage, trop de chagrin. Elle se prit à dépérir ; son front devint soucieux. Sa tristesse, jusque-là intérieure, apparut sur sa figure. Un soir, plus exténuée que jamais, elle nous prit dans ses bras et s'efforçant de déguiser sa souffrance, nous dit, avec des larmes dans les yeux :

— Mes pauvres enfants, les forces me manquent, je n'en puis plus... Mon Dieu, qu'allez-vous devenir sans moi ?...

Nous étions jeunes. Le sens tragique de ce cri maternel nous échappa, mais le lendemain notre mère était tombée malade, à côté de notre père de plus en plus mal : Nous comprîmes alors...

De ce jour, la vie nous parut injuste et cruelle. Les êtres qui nous étaient les plus chers nous manquaient pour nous guider et nous secourir. C'était donc la misère sans issue, le désespoir en perspective !

Devant une telle infortune, il se produisit alors un de ces beaux élans de solidarité humaine comme on en voit, surtout, parmi les braves populations villageoises.

Spontanément, plusieurs personnes dévouées eurent pitié de nous et chacune à leur tour, de jour comme de nuit, vinrent, prodiguer des bons soins à nos malheureux parents.

Tandis que notre père et notre mère étaient secourus avec tant d'empressement, mon frère et moi, implorant la charité des gens du pays, tendant la main à tout le monde, nous apportions quotidiennement à la maison du pain, du bois et quelques sous...

Deux mois se passèrent ainsi, lorsque enfin, notre mère allant mieux, put se lever et rester au chevet du père, qui, lui aussi, ne tarda pas à se rétablir.

Quelque temps après, le Dʳ Vier Pierre-Louis, qui avait soigné nos parents avec un dévouement inlassable, vint à passer à la maison. Tout de suite une conversation amicale s'engagea entre lui et notre mère:

— Alors, ma pauvre Mathilde, tout le monde va bien maintenant? Je suis heureux qu'il en soit ainsi.

Puis, avec cet air de bonté paternelle qui le faisait aimer de tous, il dit encore, en secouant aimablement la tête:

— A présent, reprenez courage, n'oubliez pas que la santé, le travail et la prière forment la trilogie harmonieuse du vrai bonheur sur cette terre.

A ces mots, notre mère, émue, pleura en nous regardant longuement ; à coup sûr, elle pensait à tout ce que nous devions à ce digne homme depuis le temps où nous mettions son dévouement à contribution.

Enfin dominant son trouble, notre mère s'avançant auprès de lui, osa ces paroles :

— Mais voyons, monsieur le Docteur, il faut bien pourtant que je vous parle de quelque chose. Nous vous devons beaucoup d'argent pour la longue suite de vos visites, et, comme nous n'avons pas la centième partie de ce qui vous est dû, nous allons vendre notre petite maison et payer vos honoraires. Dans les revers de la vie, c'est encore un devoir et un honneur que d'acquitter ses dettes.

Et le bon docteur de répondre :

— Malheureuse Mathilde, qu'est-ce que vous dites là ? Où irez-vous loger avec vos enfants quand votre maison sera vendue? Écoutez-moi donc : puisque avec votre mari, vous êtes deux personnes courageuses et dignes d'intérêt, je veux vous faire une proposition de paiement très avantageuse : Tous les ans votre mari viendra me souhaiter la bonne année, et vous, de temps à autre, lorsque vous irez à la messe, vous direz un chapelet pour moi.

Tel est l'homme de charité et de science qui fut, pendant trente-cinq ans, maire de mon village et qui porta légitimement la croix de la Légion d'honneur.

III

**Me voilà petit berger. — Chez M. le Marquis. — Au mas
de Guiraud-Grézan. — Le cours d'adultes. — Nîmes
la Romaine.**

J'avais douze ans. Je venais de faire ma première communion : une fête pour tous les miens.
Mon grand-père, voûté par le travail et la vieillesse, était là au milieu de nous comme le Dieu
de la maisonnée. A la table de famille, j'étais
à côté de lui. Il s'estimait si heureux de cet événement qu'il me parla et m'embrassa plus que
d'habitude. Ah ! le bon vieux. Pourrais-je l'ou-
je l'oublier ? Jamais !...

Peu après, mon père, au lieu de m'envoyer à
nouveau à l'école, où j'avais à peine appris à lire
et à écrire, me plaça en qualité de *goujar*[1] chez
M. le marquis de Chastelier, en son château de
Poustoly, formant un même tènement avec le domaine du même nom. Cette belle propriété, d'une
culture intense, se trouve à peu de distance du
célèbre château de Candiac, où est né le grand

1. Petit berger.

français Montcalm, l'illustre héros de Québec.

Ce marquis de Chastelier, d'allure énergique et franche, était le type achevé de la vieille noblesse française. Tout à la fois large et bon, cet homme, ami des humbles, s'attachait par nature aux ouvriers de la terre et savait gagner leur cœur.

De temps en temps, par de belles matinées estivales, il venait me voir dans les champs, au milieu du troupeau, dont j'avais la garde en l'absence du *pastre* [1]. Comme à une grande personne, il me tenait conversation ; il me parlait un peu de tout ce qui intéressait le bétail, et me faisait paternellement des recommandations pour les brebis et leurs agneaux.

Après un an, — c'était un dimanche matin avant qu'il ne partît à la messe — il me fit appeler au château par son baïle. Je m'y rendis avec la timidité de mon âge. Devant l'hésitation naturelle que je montrais à pénétrer dans le salon, chaussé de mes grands sabots crottés de fumier, il vint jusqu'à la porte et me dit de sa voix douce et rugueuse à la fois :

— Allons, Michel, rentres-tu ou non ?

Je m'avançais tout décontenancé, en faisant mille manières. Il me fit asseoir à son côté et ajouta :

— A dater de ce jour, je te donne cinquante francs de plus par an ; au lieu d'en gagner cent cinquante, tu auras donc deux cents francs.

1. Berger.

Ah! combien j'étais heureux d'annoncer cette nouvelle à mes parents!

L'année suivante j'étais de nouveau augmenté de cinquante francs.

Un an après, et, cessant de garder les moutons, j'accédais à la haute et noble dignité du laboureur. Ce rêve si longtemps caressé se réalisait à ma grande joie.

Je venais d'avoir quinze ans. Enivré des vieux cantiques patois de Saboly que j'avais entendus chaque Noël avec tant d'émotion à la messe de minuit, le goût, l'amour de la poésie inquiétaient déjà mon cœur d'adolescent.

Mais, ce qui brusquement m'orienta vers mon vrai destin et favorisa l'éclosion de mes premiers rêves, ce fut la connaissance révélatrice des chefs-d'œuvre de Mistral, de Jasmin, de Jean Reboul et de Bigot, que j'eus tant de peine à me procurer, en économisant sou par sou.

Et ce qui devait être, arriva un soir. C'était à la fin d'une longue veillée. Je m'étais grisé des musiques divines. La pensée des maîtres chantait en moi. Tout dormait dans la maison. La pluie battait le carreau en un rythme égal. Je me vois encore attirant vers moi une feuille de papier, et comme on donne sans le savoir son premier baiser, j'écrivais mon premier vers. J'en fis d'autres bientôt. En conduisant la charrue, je mariai dans mon cerveau des rimes sonores que, le soir, je fixais sur des cahiers écoliers.

A la longue, quand M. le marquis de Chastelier

sut que je composais des poésies en langue d'Oc,
il me demanda à les lire et après lecture, voulut
bien m'encourager.

Voici du reste la traduction d'un de mes modestes essais, qui a pour titre : *Souvenirs*.

> Follement je t'aime, mon village.
> Ailleurs, que sous ton ciel je languis et je souffre ;
> Mieux que ma bouche, mon cœur le dit
> Que loin de toi je me sens mourir.
>
> Mon village est un nid si beau
> Qu'il n'y en a pas de tel au monde ;
> Son doux soleil, ses champs, ses maisons
> Je les aime de toutes mes forces.
>
> Je me rappelle les longues veillées,
> Où mon grand-père que j'adorais,
> De sa voix douce, nous disait
> De belles histoires, et des contes de fées.
>
> Autour du feu, nous l'écoutions,
> Ce grand-père qui était un Dieu pour nous,
> Ses sornettes nous faisaient rire et pleurer,
> Et la nuit nous rêvions souvent à lui.
>
> Mère tant jolie et tant bonne.
> Je penserai à toi toute ma vie
> Ton image restera toujours gravée
> Dans mon âme qui n'aime que toi.

Deux ans après, mes parents trouvèrent que
j'étais trop éloigné d'eux et me placèrent chez
M. Goudet, fermier de M. de Balincourt, membre

de l'Académie de Nîmes. Cette importante ferme connue sous le nom de mas de Guiraud-Grézan, se trouve à deux kilomètres de Nîmes à côté de la ligne du chemin de fer de Paris-Lyon-Méditerranée.

Là, comme à ma précédente place, j'avais un patron modèle, doublé d'un compatriote — puisque nous étions tous les deux du même village de Bouillargues.

Bon, doux et humain pour tous ses serviteurs, M. Goudet appréciant mon dévouement et mon obéissance, me prit en une telle estime qu'il s'ingénia par tous les moyens à encourager, le soir, après les travaux des champs, mes goûts pour l'étude et aussi mes penchants poétiques.

En hiver, la journée finie, il me faisait prendre mon repas de bonne heure, en sorte que je pouvais me rendre à Nîmes au cours d'adultes des Frères de la rue d'Aquitaine, chaque jour de la semaine, de huit à dix heures.

Pendant trois années consécutives, par les pires temps, de même que par les plus splendides nuits, à travers des chemins presque impraticables et en improvisant des vers, j'allais suivre ces cours populaires qui me permirent, enfin, d'obtenir deux premiers prix d'orthographe et de composition française.

Encouragé par ces succès, stimulé par de multiples et substantielles lectures, rêveur et lyrique comme on l'est à vingt ans — faut-il l'avouer? — j'étais tombé amoureux de Nîmes.

Arènes, Maison Carrée, Temple de Diane, Porte Auguste, Tour-Magne, autant de joyaux sur un beau corps, autant de merveilles qui me faisaient idolâtre devant la cité prestigieuse, assez bénie du ciel pour avoir su garder en sa vieillesse de ville française, l'impérissable beauté qui la rendait si parfaite, quand elle était jeune cité romaine.

Que de fois, en extase devant cette Reine du passé, me suis-je senti fier et orgueilleux d'être né sur cette noble terre languedocienne, tout imprégnée du génie des géants de l'antique latinité !

En outre de son éternelle gloire, Nîmes a eu le rare bonheur de donner à la France une phalange d'hommes illustres ; elle a vu naître Antonin, l'empereur romain, Nicot, Rabaut Saint-Étienne, Guizot, Jean Reboul, Madier de Montjau, Crémieux, Poise, Gabriel Ferrier, Chabaud-Latour, Alphonse Daudet, Gaston Boissier, Paul Soleillet, Révoil, les deux félibres Roumieux et Bigot.

Si ancienne, si prolifique, Nîmes, en effet, m'attirait comme une jeune vierge. Sa glorieuse histoire, ses riches bibliothèques et ses beaux musées : tout cédait le pas à son charme de grande amoureuse. Je l'aimais pour son sourire, pour ce qu'elle exaltait en moi de désir et d'ardente ferveur. Si je l'avais pu, j'aurais serré dans mes bras sa fontaine, son esplanade, son Mont Duplan, couronné de pins. Tout cela, avec ses jolis *masets*, endormis dans les oliviers de ses pittoresques garrigues, parfumées de thym et de lavande, ne faisait qu'aiguiser davantage l'impatience que j'avais d'obtenir à Nîmes mon droit définitif de cité.

Quelques mois après, acceptant une situation de journalier au chemin de fer, je réalisais mon vœu, et je venais prendre place auprès de ma bien-aimée ville.

IV

A peine arrivé dans l'antique cité nîmoise, l'emploi, que j'occupais alors, au chemin de fer, me laissant parfois quelques jours de chômage forcé, je cherchais par ailleurs un travail supplémentaire, qui me permît d'assurer plus complètement le pain quotidien.

Selon les saisons, je faisais un peu tous les métiers ; jardinier, cireur de parquets, équarrisseur, garçon de café, camelot, déménageur, ou encore, à diverses fêtes, je figurais dans des théâtres forains, où l'on m'octroyait cinquante centimes pour trois heures de spectacle.

Malgré la rude tâche que m'imposaient ces pittoresques métiers, le soir venu, me retrouvant seul en ma chambre, pour oublier les fatigues de la journée, je rythmais des chansons en langue d'Oc.

Celles que je fis connaître d'abord obtinrent un certain succès. Toute la presse locale s'accorda pour en faire l'éloge. Le bruit qui accompagna mes premières œuvres, me valut l'honneur d'être admis comme membre de plusieurs sociétés littéraires, dans lesquelles je ne tardai pas à nouer de solides amitiés, qui me procurèrent des relations sérieuses dans le monde nîmois.

Là, je connus les poètes Bigot, Ducros, Bard et César Gourdoux ; les littérateurs Péladan, Adolphe Pieyre, Clauzel, Maurin, Vigouret, Goubier et François Rouvière ; les honnêtes législateurs Baragnon, de Bernis et Émile Jamais, qui devint plus tard sous-secrétaire d'État.

La fréquentation d'une telle pléiade d'écrivains, remarquables à divers titres, me fit un peu délaisser la langue d'Oc et me permit d'apprécier toute la valeur des grands classiques.

Successivement, je communiai avec le génie de Lamartine, de Musset et de Hugo. A lire et relire les chefs-d'œuvre de ces maîtres je sentais s'affirmer en mon cœur le besoin de cadencer des strophes en langue française.

La tyrannique versification, que je maniais mal, me parut tout d'abord un rude obstacle ; mais en quelques mois d'études, je l'avais surmonté.

Plus confiant en moi-même, j'écrivis tour à tour, plusieurs sonnets et un assez long poème, que des lettrés voulurent bien déclarer à leur goût.

La première de ces poésies fut celle-ci, qui me valut une récompense dans un concours littéraire :

A Jeanne d'Arc

Ton nom, Jeanne, ton nom rayonne dans l'histoire,
Ton souvenir vivra dans l'immortalité ;
O toi qui combattis pour notre liberté
De la France, à jamais, tu resteras la gloire !

Jadis tu nous montras aux heures de victoire
Tes sublimes exploits et ta mâle fierté ;
Le peuple te vénère et garde la mémoire
De tes grandes vertus, de ta fidélité.

Martyre, tu mourus sur la terre de France,
Sur ce sol généreux dont tu fus l'espérance
Le jour, où sur nos champs accourait l'étranger.

Mais Dieu voyant grossir la cohorte sanglante
Qui, marchant contre nous, devenait menaçante
Arma ton bras vengeur qui fit face au danger !

En 1886, je publiai, sur mes économies : *Premiers Rêves*, opuscule dans lequel figuraient mes poésies de jeunesse. Ce recueil de cent pages me mit encore plus en vedette. Les grands quotidiens méridionaux, *le Petit Marseillais*, *l'Éclair*, *le Petit Méridional*, *le Journal du Midi*, le commentèrent longuement, en termes flatteurs. Après ces divers succès, il me fut aisé de collaborer à diverses publications littéraires et de tirer même quelque avantage matériel de mes articles. Un important journal de Marseille : *Le Soleil du Midi*, me chargea, pendant une année, d'écrire tous les jeudis une chronique agricole ; c'étaient toujours dix centimes par ligne. Agriculture et poésie, il est vrai, ne paraissent guère s'accorder, et cependant, ma bonne volonté, me permit d'être à la fois poète et agronome ; de parler de la terre et des étoiles, tout en conservant mon emploi d'homme de peine au chemin de fer.

Bientôt, à la Compagnie Paris-Lyon-Méditerranée, je fus nommé employé titulaire à la gare des marchandises, aux appointements de soixante-quinze francs par mois. Quelle joie, de pouvoir apprendre à mes parents cette heureuse nomination, et de penser que désormais, j'aurais, avec un travail assuré, la perspective d'une retraite pour mes vieux jours.

Plus tard, à mes rares loisirs, je me risquai à faire dans la région quelques conférences, sur la reconstitution des vignobles, par les cépages américains, sur les lourds impôts des paysans, sur les libertés communales et la décentralisation. Ces conférences me firent connaître mieux encore dans les campagnes que tous les articles de journaux, écrits jusque-là, en ma faveur.

Nous étions en 1889. J'avais vingt-cinq ans et venais de me marier au grand contentement de mes parents qui depuis longtemps manifestaient l'intention de me voir fonder un foyer.

Malheureusement leur joie fut d'une durée éphémère, car un an après, — à trois mois d'intervalle, — j'eus la douleur de les voir mourir

tous deux, sous ce modeste toit, où j'avais passé
mon enfance sur quoi veillait leur tutelle si affectueuse. Je fus longtemps avant de me consoler
d'une telle perte...

La brutale disparition de ces deux êtres chers
avait meurtri mon pauvre cœur, comme à tout
jamais...

Le temps ne put guérir cette profonde bles-
sure ; il la cicatrisa, mais seulement en appa-
rence. Elle se rouvre encore parfois, quand le
souvenir parle...

Plus tard, je continuais à fréquenter les soirées
des sociétés littéraires, qui voulaient bien m'invi-
ter. C'est là, qu'une nuit, au cours d'une fête artistique, donnée au profit d'une œuvre de bienfai-
sance, je fis connaissance du bon poète, de l'ami
précieux et fidèle : André Jayet.

Comme on le verra plus loin, dès ce jour,
Jayet et moi, nous nous vouâmes, une telle amitié
réciproque, que, par la suite, ni l'un ni l'autre
n'écrit une œuvre sans que n'intervint une mu-
tuelle critique d'idées et de pensées. C'est une
dyade littéraire que nous instaurions, alors, à nous
deux, car André Jayet m'est resté un autre moi-
même.

Cordonnier de son état, à maintes reprises, il
avait traversé de longues périodes de chômage,
autant dire des heures de misère affreuse...

Je le revois encore dans sa pittoresque chambre du chemin d'Uzès, à Nîmes, chambre où, sur
des rayons, alternaient de vieilles chaussures et

de bons recueils poétiques, et, où la poix, retenait
à l'évidoir le crayon qu'il saisissait fébrilement
lorsqu'un rythme jaillissait en lui pour lui sug-
gérer des cadences enflammées et ruisselantes. Sa
clientèle, bien des fois, ne venait pas. Il souffrait.
Mais c'est précisément dans ces instants d'an-
goisse, alors qu'il se privait de nourriture pour
acquérir un beau livre, que les idées germaient
plus nobles et plus hautes chez le poète méconnu.

Ensemble nous avons vécu de pénibles traverses,
mais que le ciel soit gris ou bleu, il y a toujours
eu entre nous des liens d'affectueuse amitié, qui
nous ont soutenus dans nos luttes contre la vie.

Animés des mêmes aspirations, bercés par le
même idéal, il était écrit que nous nous retrou-
verions un jour dans la capitale, malgré une
séparation momentanée. C'est ce qui arriva plus
tard.

En attendant la réalisation de ce rêve, si longtemps caressé, ensemble, nous tentions déjà un
bref voyage à Paris, et pendant notre court
séjour dans la *Ville Lumière* nous en profitions
pour faire une visite à Francisque Sarcey.

V

Chez Francisque Sarcey

L'influence des « Annales » sur mes goûts poétiques. —
Ma sympathie pour « l'Oncle ». — Jayet m'accompagne.
— Audition improvisée. — Bonnes paroles du maître.
— La cousine Yvonne.

Depuis leur fondation, j'ai toujours été un fervent lecteur des *Annales politiques et littéraires*, dirigées aujourd'hui avec tant de goût par Adolphe Brisson. Je dois même dire que cet intéressant magazine, qui a été comme le bréviaire de ma jeunesse, a contribué d'une façon prodigieuse à développer en moi l'amour de la poésie et la vénération des belles-lettres.

A lire les pages substantielles de cette revue, il me semblait qu'elle fût faite exprès pour moi. En effet toutes les semaines j'y trouvais un résumé si fidèle, un écho si harmonieux de la littérature, des arts et des sciences que je finissais par m'en faire une complète nourriture intellectuelle.

En cette bonne ville de Nîmes, antique citadelle romaine, terre classique de la poésie, pa-

radis du soleil et de la beauté, combien de fois
m'est-il arrivé, le dimanche matin, dès la première heure, d'aller attendre à la gare les mes-
sageries Hachette, qui m'apportaient plus vite que
mon libraire ces délicieuses *Annales*, amenant avec
elles tout un cortège de primeurs littéraires et de
nouveautés artistiques.

Les articles savoureux et pleins de bon sens,
qu'y écrivait hebdomadairement Francisque Sarcey, étaient un vrai régal et un aliment savoureux pour mon pauvre cœur d'aspirant poète.

Pendant des années, à force de lire dans *les
Annales*, dans *la Dépêche* de Toulouse, dans *le
Petit Marseillais*, les spirituelles chroniques de
l'Oncle, j'ai fini par m'attacher sincèrement à
l'œuvre puissante et lumineuse de ce logicien implacable. Et cela avec d'autant plus d'ardeur qu'il
était parfois attaqué ou ridiculisé par plusieurs
journaux de la région.

Plus tard, ma sympathie pour ce maître pré-
féré grandit, à un tel point, qu'une idée fixe me
hanta : le voir, le connaître.

Voici comment j'arrivai à mes fins.

Encore employé à la Compagnie Paris-Lyon-
Méditerranée, pouvant donc voyager gratuitement
sur tout le réseau, tel un député, au printemps de
l'année 1893, accompagné d'André Jayet, je vins
visiter Paris pour la première fois.

Le lendemain de notre arrivée, alors que
nous étions émerveillés, troublés par les beautés
accumulées de la glorieuse capitale, je propo-

sai à mon ami d'aller voir Francisque Sarcey.

— Es-tu malade, es-tu fou, me dit-il, quelle idée ? Crois-tu que Sarcey n'a pas autre chose à faire que de recevoir, non pas un, mais deux méridionaux qui sentent l'oignon et l'ail ? Assurément, il va nous mettre à la porte plus vite que nous ne serons entrés.

De mon mieux, j'essaie de le convaincre en lui disant naïvement que, puisque toute la presse française le baptisait *l'Oncle*, c'est qu'il devait être doux et bon pour tout le monde. J'insistai tant et tant, avec cette illusion téméraire qui est le propre des jeunes poètes, que je réussis presque à le convertir à mon idée.

Puis reculant encore un peu devant ma résolution énergique, invoquant des arguments peut-être plausibles, mais insuffisants pour paralyser mon audacieux élan, il ajouta :

— Et d'abord que lui dirons-nous ? Quelle figure ferons-nous devant cet homme que nous allons déranger pour notre indiscret plaisir ?

Ferme et confiant dans mon projet, je répliquai :

— Nous le remercierons d'avoir bien voulu accepter la présidence d'honneur d'une société littéraire que nous avons fondée à Nîmes. Nous lui soumettrons quelques spécimens de nos poésies. Il nous dira bien ce qu'elles valent. Crois-moi, Sarcey doit être un brave homme. Allons-y...

Enfin, triomphant de son hésitation et de ses scrupules, je parvins à le décider de m'accompagner jusque chez le grand critique.

Vingt minutes après — à onze heures du matin — nous étions rue de Douai.

Comme nous n'avions pas de cartes, je conseillais à Jayet d'écrire sur une page de calepin ces mots :

« *Deux poètes nîmois seraient très heureux de vous présenter leurs respectueux hommages.* »

Ce qui fut fait de suite ; après quoi nous sonnons.

Un serviteur se présente et nous tendons notre papier. Une minute s'écoule.

Enfin, quelqu'un vient. Serait-ce possible ? C'est le maître lui-même qui descend vers nous et nous introduit dans son cabinet de travail. Joie et bonheur !

— Comment, diable, vous venez me voir de si loin ? nous dit-il tout étonné et en faisant cligner ses yeux de myope sous des lunettes d'or.

Et Jayet, maintenant plus audacieux que moi, répond :

— Maître, nous sommes deux modestes poètes méridionaux qui venons vous saluer respectueusement et vous offrir l'hommage de notre profonde admiration.

Puis il ajoute :

— Nous voudrions, si cela ne vous paraît pas importun, vous soumettre quelques-unes de nos productions et avoir votre impression à leur égard.

Sans tarder, Jayet sort de sa poche un volumineux manuscrit et se prépare à en donner lecture lorsque Sarcey d'un geste et par ces paroles sentencieuses, coupe court à la perspective d'une trop longue audition poétique :

— Mes amis, dit-il, point n'est besoin de me faire une lecture interminable, lisez-moi chacun une de vos poésies favorites ; je vous écouterai avec plaisir.

Jayet commence par une *Invocation* de quatre strophes dont voici la dernière :

Si le souffle sacré faisait frémir mes ailes,
J'irais chanter au seuil des portes éternelles,
J'irais de l'Univers interroger le sort ;
Et poursuivant toujours ma course vagabonde
J'irais fouiller aux cieux les archives du Monde,
Où doivent être écrits les secrets de la mort !

Sarcey trouva ces vers très harmonieux et ne ménagea point ses encouragements à l'auteur.

A mon tour je récite tant bien que mal *Le Siècle*, une élégie satirique de trente vers, qui se termine ainsi :

Tout écœure, tout craque et tout tombe en ruines,
Les hommes ne sont plus que de simples machines ;
Devant nous, l'avenir n'inspire que dégoût,
De tout bouleverser le progrès vient à bout !
O siècle de science ! O siècle de lumière !
Dans l'ombre tu poursuis ton œuvre meurtrière
Et ton flot corrompu, comme un lac de poison,
Épouvante les cœurs, et trouble la raison !

Sarcey, qui, tout d'abord paraissait avoir pri
le parti de se distraire un instant à ce petit con-

...ert improvisé, finit en somme par s'intéresser sincèrement à nous.

Comme un père à ses enfants, il dit :

— Ne tirez pas orgueil des jolis vers que vous avez faire, ni même des mérites littéraires que vous pouvez avoir. A vos loisirs, courtisez passionnément la muse ; cette distraction est douce et noble, mais n'oubliez pas que la poésie nourrit l'âme seulement, et que seul le travail nous permet d'alimenter le corps humain, ce moteur de la pensée et de la vie. Rappelez-vous les Malfilatre, les Gilbert, les Hégésippe Moreau et tous ceux de la longue et navrante liste des forcenés de la rime, qui, même avec leur incontestable génie, ne trouvèrent point, dans le perpétuel calvaire de leur existence, cette miche de pain qu'on accorde avec une générosité facile aux chemineaux et aux vagabonds. La vie des lettres, à Paris, est amère et cruelle pour les jeunes et les inconnus. Alphonse Daudet, Jean Richepin, Emile Zola, pour ne parler que de ceux-là, ont eu des débuts pénibles. Ils ne sont parvenus à la notoriété qu'à force d'endurance et de privations. Croyez-m'en, partout les pierres sont dures, et plus qu'ailleurs à Paris. Dans cette métropole du monde, le poète, l'artiste, le savant y doivent être prêts à s'offrir en holocauste à toutes les misères, à toutes les souffrances avant d'espérer monter à leur Capitole. »

Bornant là son évocation des grandes infortunes littéraires, le maître nous demanda maintenant si

nous avons notre pain assuré par un emploi que
conque.

— Je suis homme d'équipe au chemin de f
Paris-Lyon-Méditerranée, lui répondis-je, et m
ami Jayet est un bon ouvrier cordonnier.

Le prince de la critique théâtrale nous fit alo
l'éloge du travail qui, dit-il en concluant, hono
l'homme, tout en restant la source unique de
tranquillité et de son bien-être...

Bientôt nous jugions opportun de nous retir
et, tout en regrettant de quitter le maître, nous
pûmes, mon ami et moi, nous empêcher de dir
« *Voilà un brave cœur, voilà un vrai papa po
les petits poètes du peuple.* »

Dix ans plus tard, quand après *la Mandoli*
je fondai une nouvelle revue littéraire *l'Auda*
et reçus d'Yvonne Sarcey une chaleureuse lett
me recommandant comme collaboratrice M¹¹ᵉ
zary, je fus obligé de reconnaître que la gr
et la bonté du père avaient trouvé une dig
continuation dans l'héritière d'un nom si glorie

VI

'ort de l'amitié d'André Jayet et couronné de ı derniers lauriers poétiques, en mai 1893, je dai avec lui à Nîmes, et, sous le titre *La Man- ne*, une petite revue de littérature et d'art.

n créant cette revue, nous avions comme capi- ᴋ 37 francs à nous deux et toute notre ardeur jeunesse. Cette modique somme, additionnée ᴏurage qui nous animait faisaient de nous des lionnaires audacieux.

orsque nous nous présentâmes, avec la copie, z l'imprimeur nimois Michel Artaud pour nattre le prix d'impression, ce brave homme, t dévoué aux jeunes écrivains, nous déclara :

— Une publication telle que la vôtre vaudrait francs les 1.000 exemplaires, mais pour vous n'êtes pas riches et avez besoin d'être encou- és, ce sera seulement 75 francs.

Ialgré nos infimes ressources, l'affaire fut con- ᴇ tout de suite.

Dès l'apparition du premier numéro, tous l[e]
journaux du Midi en ayant fait l'éloge, les abo[n]
nements affluèrent de toutes parts.

Les deuxième et troisième numéros obtinre[nt]
le même succès. Dès lors, la revue couvra[nt]
presque ses frais, continua de paraître régulièr[e]
ment sous ma direction.

Féru, de plus en plus, de cette idée fixe
dominatrice de braver la capitale avec ses foli[es]
et ses misères, un beau jour André Jayet vint m[e]
voir à la gare, où je coltinais continuellemen[t]
tantôt de jour, tantôt de nuit, les marchandis[es]
de l'arrivage, et m'annonça sa ferme résoluti[on]
de partir.

Quand fut arrivée l'heure de la séparation, no[us]
nous embrassâmes affectueusement comme de[ux]
frères, jurant sur notre amitié que nous nous r[e]
trouverions bientôt.

En effet, trois mois après, ayant obtenu à [la]
Compagnie P.-L.-M. une permutation, que j'av[ais]
sollicitée, avec un autre employé de la gare de Ly[on]
à Paris, c'est à Paris que j'allais le rejoindre, [où]
la *Mandoline* devait continuer de paraître.

Que l'on juge de notre satisfaction et de not[re]
bonheur en nous retrouvant ainsi tous les de[ux]
dans la Ville-Lumière, avec nos mêmes désirs [et]
nos mêmes aspirations.

Car, personnellement, je dois ouvrir ici u[ne]
parenthèse pour dévoiler mon état d'âme à l'heu[re]
du départ de Nîmes. Il faut que je dise que l'hy[p]
notisme que Paris exerçait sur mon cerveau n'ét[ait]

..s la conséquence d'un orgueil irréfléchi et vain,
..ais bien la résultante d'un rêve de jeunesse, qui,
..ouvant sa force dans ma volonté mûrie, devait
..river logiquement et à ce moment à sa réali-
..tion.

D'autre part, si l'on recherche les maîtresses rai-
..ns de mon soudain exode vers Paris, on recon-
..ttra que, quelque hardi qu'il fût, il n'était ni
..méraire, ni imprévoyant à tous points de vue.
Et, bien que l'on dise, d'après maints exemples
..nvaincants, que Paris est un enfer horrifiant pour
..s jeunes écrivains, il n'en est pas moins avéré
..'en ce qui me concerne, j'agissais dans un sens
..atique, et, je n'allais pas tomber aveuglément
..ns sa fournaise, comme l'ont fait tant d'autres
..amés de renommée et de gloire.

En fait, grâce à ma permutation d'emploi au
..emin de fer, j'arrivais dans la capitale avec toutes
..s garanties matérielles nécessaires, c'est-à-dire
..on travail et mon pain assurés.

Comme conséquence de mon changement de
..sidence, *la Mandoline* était devenue maintenant
..e publication parisienne, me procurant des
..lations sérieuses dans le monde des lettres.

..âce à elle, c'est ainsi que je fis connaissance
..ec les bons poètes : Baptiste Bonnet, Auguste
..arin, Fernand Hauser, Han Ryner, Émile Lutz,
..nnefoy Debais, et tant d'autres avec lesquels
..us nous rencontrions souvent dans les céna-
..es littéraires, qui se tenaient tous les mois au
..fé Procope, au café du Cadran ou au *Féli-*

brige, dont les bruyantes assises animaient les salons du café Voltaire.

A cette époque le *Félibrige* était un brillant groupement, foncièrement éclectique, composé uniquement de poètes, d'artistes et d'hommes de lettres, presque tous méridionaux et dont plusieurs déjà jouissaient d'une notoriété littéraire. C'est là que je connus Henry Fouquier, Lintilhac, Paul Mariéton, Charles Maurras, Paul Redonnel, Jules Troubat, Paul Arène, Sextius Michel, Maurice Faure, Clovis Hugues, Pierre Laffite, Roux-Servine, le D𝗋 Bayol, Amy, Fourrès, Lucien Duc, César Gourdoux, Raoul Gineste, etc.

Par la suite, quelques amis dévoués voulurent bien me faire nommer membre du *Félibrige.* Mes parrains furent Baptiste Bonnet, le gracieux prosateur provençal, et Fernand Hauser, le charmant poète de *l'Oiseau Bleu,* aujourd'hui rédacteur au « *Journal* ».

Je me rappellerai longtemps le jour, ou plutôt le soir de mon admission au titre de sociétaire. Ce qui se passa sur la fin de la séance fut tellement grotesque, que l'assemblée entière en fut pétrifiée de dégoût.

Paul Mariéton, une dépêche à la main, venait à peine d'annoncer, avec enthousiasme, la prochaine arrivée à Paris du grand poète Frédéric Mistral, que, Paul Arène, visiblement énervé, se dressant comme mû par un ressort, prononça les vilaines paroles suivantes :

— Qu'est-ce qu'il vient faire à Paris le fameux

Maillanais ? Pareil au paon de la basse-cour il vient ici faire le *beau*.

Puis il ajouta, en parlant toujours de Mistral et en faisant allusion à Alphonse Daudet :

— Lui et le malin *Tartarineur* savent jouer leur rôle... »

C'est en ces termes dégradants que cet être ivre d'orgueil parlait des deux illustres maîtres dont les nombreux chefs-d'œuvre forment un trophée de gloire en l'honneur de notre belle langue.

Un autre trait significatif qui peint bien l'homme prétentieux et jaloux, qu'était Paul Arène, fut celui-ci :

Un soir, il arrive au Félibrige avec la mine dédaigneuse et l'air hautain qui lui étaient coutumiers, et se retire dans un coin de la salle selon son habitude.

Justement, ce soir-là, une très captivante discussion littéraire était engagée entre les personnes présentes sur les meilleurs morceaux des auteurs contemporains, quand soudain Paul Arène brandissant un exemplaire de son livre : la *Chèvre 'Or*, intervint brutalement dans le débat et dit en ouvrant le volume à un endroit marqué d'avance :

— Parmi toute notre littérature, vous ne trouverez pas une page qui vaille celle-là...

Peu après, en mai 1894, toujours aigri contre tous ceux qui régnaient plus haut que lui dans les lettres, Paul Arène poursuit avec tant de rage son œuvre de dénigrement et de haine, qu'il parvient à créer une scission parmi les félibre

Presque aussitôt, les dissidents, en nombre co
sidérable, se réunirent au café du Centre, sous
présidence de Baptiste Bonnet, et décident de fo
mer un nouveau groupe félibréen sous le tit
Lou Lugar, terme provençal qui signifie : étoi
du berger.

Durant cette réunion, à laquelle j'avais été co
vié, il fut décidé que « la revue *la Mandoli*
sera l'organe officiel des vrais félibres de Pari
des félibres qui sont las définitivement de sul
la domination tyrannique de quelques égoïst
pétris d'orgueil et d'ambition et dont l'incapaci
notoire de la sainte langue félibréenne est reco
nue de tous ».

L'éclosion de cette société ne pouvait trouv
une heure mieux choisie et plus favorable.

A ce moment, à la Sorbonne, M. Gaston Pâ
entouré de philologues et d'écrivains aussi disti
gués que MM. Xavier Charmes, Sully-Prudhomn
Paul Meyer, d'Arbois de Jubainville, Léon Ga
tier, se réunissaient pour la première fois au n
de leur nouvelle société : *Les Parlés de Fran*
destinée à faire revivre les anciens idiomes aya
contribué à la formation de la langue françai

Malheureusement ce groupement de félibr
malgré le favoritisme de l'actualité, n'eut qu'
court succès, la satanée politique s'y étant int
duite inopinément.

VII

Bientôt, m'étant lié plus intimement avec le célèbre écrivain provençal Baptiste Bonnet, mon collaborateur à *la Mandoline*, je fus très souvent son hôte, lorsqu'il habitait son modeste logement de la rue de Buci.

Quand j'allais le voir, c'est toujours avec empressement qu'il m'accueillait à sa table où il m'octroyait constamment la même place, entre sa vaillante femme et sa gentille belle-fille Mireille. C'est ainsi, qu'à l'issue de l'un de ces repas amicaux, j'eus le plaisir de lire, avant son apparition, le manuscrit de son premier livre : *Vie d'Enfant*, traduit en français et préfacé par Alphonse Daudet.

Baptiste Bonnet, était pour moi, non seulement un bon compatriote, mais un ami sûr et expansif. Il fallait voir et entendre avec quel accent enflammé il me confiait toutes ses joies et toutes ses peines. Ce qui le réconfortait le plus et le rendait fier à juste titre de ses succès littéraires, c'était la grande affection et le réel intérêt que lui portait Alphonse Daudet, quoiqu'il ne fût lui-même qu'un simple jardinier.

En effet, il avait raison d'aimer Daudet, car cet illustre maître, en découvrant en lui les qualités et les dons du véritable prosateur provençal, s'était fait un devoir et un honneur de le diriger dans les lettres.

Mes relations avec Baptiste Bonnet furent de plus en plus régulières. A chaque entretien que nous avions, il avait quelque chose à m'apprendre quelque confidence à me faire.

Le jour, où il signa le contrat avec son éditeur pour la publication de son livre : *Vie d'Enfant*, il vint me voir, et, tout exubérant, me dit :

— Eh bien ! mon vieux Michel, ça y est, grâce au puissant appui de mon bon *baïle* (maître) Alphonse Daudet, je vais être édité. C'est la maison Dentu qui s'en charge. On me donne 3.000 francs pour ce premier volume et autant pour les autres, qui viendront ensuite ».

Une autre fois, visiblement ennuyé, il accourt chez moi et me confesse qu'il s'est brouillé avec Mistral, parce que le génial père de *Mireille* n'a pas voulu insérer dans son journal en langue provençale, *L'Aioli*, un article en faveur de Léo Daudet, qui avait eu une violente altercation avec Valentin Simond, directeur de *l'Echo de Paris*.

Étant ouvriers tous les deux, et ayant les mêmes goûts littéraires, à chaque rencontre nous nous communiquions nos impressions sur les idées et les hommes.

En possession d'une curieuse collection d'autographes, un jour, en me la montrant, il me fait remarquer une poignante lettre, que son ami Roumieux, le malheureux poète nîmois, lui avait adressée quelques semaines avant sa mort. Cette lettre, qui était un éloquent plaidoyer en faveur des déshérités de la vie, se terminait par ces lignes sanglantes et quelque peu orgueilleuses :

« Lorsque je serai mort, l'on me dressera une statue, et maintenant que je suis en vie l'on me laisse crever de faim. »

Plus tard, chaleureusement recommandé, ou plutôt imposé par Alphonse Daudet, Baptiste Bonnet entrait d'office au ministère de l'Intérieur, comme bibliothécaire. Il y resta quelques années après lesquelles, ayant obtenu une petite retraite, il se retira définitivement dans son charmant village de Bellegarde, voisin du mien.

En dehors de Bonnet, parmi les nombreux hommes de lettres que je fréquentai à cette époque, il en est un que j'ai beaucoup affectionné, c'est Ernest Chebroux, le dévoué président de *la Lice chansonnière*.

Ayant la bonne fortune de posséder la montre de Béranger, et d'autre part exécuteur testamentaire de Gustave Nadaud, dont il détenait la riche bibliothèque, Chebroux se plaisait, aimait à s'entretenir avec moi sur ces deux maîtres de la bonne et vieille chanson française.

Que de fois, s'abandonnant aux confidences poétiques, il épanchait son cœur dans le récit de ses souvenirs précieux et me faisait part de l'horreur qu'il nourrissait à l'encontre des idioties lyriques et des couplets infâmes qui se débitaient, non sans succès, sur les tréteaux des cafés-concerts et des *beuglants* à la mode !

En bon chansonnier qu'il était, le brave Chebroux n'aimait que les productions classiques, c'est-à-dire la douce et saine chanson de Pierre Dupont, de Béranger, de Nadaud et de Jeannin.

Je me souviens encore d'avoir eu l'honneur d'assister à une soirée intime qui eut lieu en ses salons de la rue Hérold. Parmi les invités notables, il y avait Armand Silvestre, qui nous donna lecture d'une poésie inédite, le caricaturiste Alfred Lepetit, que l'on fêta beaucoup pour son monologue *le Parfait Épicier*, Pierre Trimouillat, le chansonnier montmartrois, qui fut le *clou* de la soirée avec sa chanson humoristique *Zola à l'Académie*. Je passe sur le reste.

En invoquant le souvenir de cette fête amicale de la poésie et de l'art, j'ai voulu me rappeler que c'est en sortant de ce milieu éclectique, le même soir, vers une heure du matin, que nous allâmes André Jayet et moi passer un moment au *Chat Noir*, où un incident drolatique devait nous égayer.

A cette époque le célèbre cabaret de Rodolphe Salis était en pleine vogue. A toute heure de la nuit on était sûr d'y rencontrer les princes de la finance et des lettres.

En arrivant dans la gentilhommière de la rue

Victor-Massé, nous nous mîmes avec Jayet, à une table, où déjà avaient pris place Alphonse Allais, Georges Auriol, Victor Meusy et la pauvre vieille artiste M⁰ Louise France, qui fut pendant longtemps l'enfant gâtée du public parisien. Au bout d'un instant, Rodolphe Salis vint vers nous et après une distribution de poignées de main, il s'installa à nos côtés, avec son sans-gêne légendaire, et fit une narration en règle sur son origine, sa famille et ses ancêtres.

— Pourquoi, disait-il dans un élan de lyrisme, me railler quand je me déclare gentilhomme ? Est-ce qu'en 1744, mon grand-père, le colonel Salis, ne s'est pas fait tuer à la tête de son régiment, durant la campagne du Piémont ? »

Tandis que, de sa voix grondante et autoritaire, l'illustre cabaretier parlait ainsi, à une table voisine, un jeune homme d'allure distinguée, se mit à fredonner ironiquement un air quelconque.

Soudain pris de colère, Salis se leva brusquement en apostrophant l'intrus d'une façon scandaleuse ; puis, le rouant de coups de poings et de coups de pieds, il le jeta à la porte comme une guenille. Personne ne s'avisa de s'interposer dans cet acte de sauvagerie.

Ce trait suffit à caractériser, à peindre l'homme violent que fut toujours cet intelligent bonimenteur, amuseur des foules. Tout dans sa nature dénotait le rapin tenace, l'acrobate fougueux, battant furieusement la grosse caisse devant la galerie, et faisant argent de tout — même du génie de ses vaillants collaborateurs, qu'il payait avec du pain et des bocks.

Insolent, brutal, égoïste, Salis, sans la sublime *Épopée* de Caran d'Ache, sans la *Marche à l'Étoile* et *le Sphinx*, de glorieuse mémoire, aurait fini dans la peau d'un vulgaire boutiquier qui végète et qui *met plus tard la clé sous la porte.*

Le seul mérite de Rodolphe Salis, sera d'avoir conduit au triomphe tous les poètes qu'il sut si bien exploiter, pendant de longues années.

VIII

Voulant témoigner mon admiration et ma reconnaissance au maître François Coppée, qui avait
accepté de patronner ma revue, je décidai d'offrir à l'illustre auteur des *Humbles*, au nom de la
rédaction de *la Mandoline*, un riche album d'autographes, auquel devaient collaborer deux cents
jeunes poètes.

Pour la préface, que j'avais décidé de placer
en tête de cet album, je pensais, tout d'abord, la
demander à Frédéric Mistral, mais cela ne lui fut
pas possible ainsi qu'en témoigne la lettre suivante
qu'il m'adressa à ce propos :

« Cher Confrère,

« Vous avez raison de croire que je serais heureux de m'associer à l'hommage préparé par *la
Mandoline* en l'honneur de mon ami Coppée. Seulement, voici ce qui se passe : l'aimable académi-

cien étant venu l'hiver passé faire un séjour à Cannes, les félibres d'Avignon eurent aussi l'idée de lui adresser un album, où j'eus le plaisir de contribuer de mon autographe, et le bon poète nous remercia par un très beau sonnet qui prélude ainsi :

> Souffrant j'étais venu sur le doux littoral,
> Frileux je me chauffais au soleil de Provence,
> Lorsque, joie et fierté, sur mon chemin s'avance
> Le Félibrige avec son chef le grand Mistral.

« Vous apprécierez donc le sentiment de délicatesse qui m'empêche de refaire la même chose à si peu d'intervalle.

« Recevez, cher confrère, avec l'expression de tous mes regrets, l'assurance de mes sentiments très distingués.

Frédéric Mistral. »

Mistral se récusant pour des raisons plausibles, c'est au gracieux poète Charles Fuster que je m'adressai avec succès.

Cet album, complété et relié dignement, fut exposé pendant une semaine dans la salle de dépêches du *Journal*, grâce à la bienveillance de son directeur Fernand Xau.

A la remise de ce magnifique présent, François Coppée fut profondément touché de ce précieux hommage qui lui venait d'une foule d'humbles poètes et de modestes littérateurs.

Accompagné de mon ami Ernest Chebroux, le

oyen èt le maître des bons chansonniers classi-
ues, nous vécûmes en compagnie du père du
assant quelques instants inoubliables.

Le front rayonnant, la figure épanouie, Coppée
ous dit avec cette bonté d'âme qui lui était
aturelle :

— Le plaisir que j'éprouve, en recevant ce bel
lbum, je ne puis le cacher. Pour moi, ce plaisir
st d'autant plus sensible, que l'hommage rendu à
a personne et à mes œuvres me vient d'une
léiade de jeunes poètes, qui sont presque tous
'origine plébéienne. Voyez-vous, le peuple, le bon
euple qui travaille et lutte courageusement pour
 famille, me charme, m'intéresse au plus haut
oint. Oh ! comme je suis heureux, quand il m'est
ossible de passer quelques heures tranquilles
ans les faubourgs de Paris, tout bourdonnants de
avail et de vie ! Dans la classe ouvrière, on dé-
uvre les plus beaux documents, on glane les
us fines observations d'humanité vraie. La grâce,
 sentiment, le courage, composent l'immense
t de dons que la nature a donnés à ces êtres
mirables qui peinent du matin au soir. J'irai
us loin, je dirai que si l'ouvrier a des fatigues
 des tourments que nous n'avons pas, il a par
ntre des satisfactions et des joies qui sont plus
elles, plus simples et plus pures que les nôtres.
ute mon existence a été consacrée à l'étude de
s belles âmes qui rayonnent au sein des milieux
pulaires. Car là, seulement, en dehors de tout
tifice, l'on est forcé de reconnaître que la vie,

les mœurs et le langage forment une poésie réelle et vivante. Et c'est à cette source que j'ai puisé en écrivant mes œuvres. »

Notre entretien prit fin sur ces paroles éloquentes et profondes, que le maître prononçait avec tant de sentiment et de cœur.

Quelques jours après, aux remerciements verbaux qu'il m'avait déjà faits, venait s'ajouter la belle lettre suivante :

« Mon cher Poète,

« Je vous assure que j'ai été très touché du beau présent que vous et les collaborateurs de votre intéressante revue littéraire *la Mandoline* avez eu l'amicale idée de me faire.

« Si j'ai tardé un peu à vous en marquer ma vive et sincère gratitude, attribuez-le, je vous en prie, aux besognes et à la petite fièvre d'attente que m'a apportée la préparation de mon nouveau drame au théâtre de l'Odéon : *Pour la Couronne.*

« Je connaissais déjà par leurs œuvres plusieurs des poètes dont les belles pièces figurent dans ce bel album, je connais maintenant les autres et puis en faire cas.

« Voulez-vous bien accepter, pour vous, et faire agréer à messieurs vos collaborateurs, mes remerciements en toute cordialité, et croire, mon cher Poète, à mes sentiments les meilleurs.

« Je vous serre cordialement la main.

FRANÇOIS COPPÉE. »

L'hommage que je venais de rendre à Coppée
vait eu un retentissement considérable dans la
resse parisienne. Tout en m'encourageant, cela
e me fit pas perdre la tête, ni oublier mon em-
loi d'homme d'équipe à la gare de Lyon, où une
emaine de jour et une semaine de nuit j'accro-
hais des wagons à la formation des trains.

Peu après, suivant la mode de l'époque qui
tait de former des petites chapelles littéraires et
es parlottes poétiques à la façon des revues en
ogue, comme *la Plume* et *l'Ermitage*, je décidai,
vec l'ami Jayet, de créer des banquets mensuels,
ui réuniraient nos amis et nos collaborateurs.

La première de ces agapes eut lieu au Café
Voltaire sous la présidence de Jules Troubat,
ncien secrétaire de Sainte-Beuve, bibliothécaire
 la Bibliothèque Nationale. C'est dans la jolie
alle du *Félibrige de Paris* que les tables étaient
ressées.

Au-dessus de la table d'honneur, se trouvait le
lorieux portrait de Frédéric Mistral, ce patriar-
he de Provence, dont l'œuvre féconde rayonne en
imes d'or, toutes parsemées d'azur et d'éclat de
oleil. A gauche, *l'orgueilleux* Paul Arène qui,
nalgré tout ce qu'on peut dire de lui, a écrit quel-
ues belles œuvres, empreintes de la couleur et
e l'odeur du terroir natal. A droite, le vrai poète
asmin, le chantre sonore, dont la vie fut une
ouce contemplation, une longue extase, devant
a nature et devant les cieux.

Puis çà et là les portraits de Benjamin Constant,

Maurice Faure, Henry Fouquier, Sextius Mich
Paul Mariéton, peints par des maîtres. Plus loi
un immense tableau, ayant pour titre : *la Ferrac*
représente un pittoresque coin de la Camargu
où courent des chevaux sauvages et des taurea
en liberté. Ce tableau impressionnant rappel
le libre zénith, le soleil, l'espace, en un mot tout
les parures sublimes de cette merveilleuse ter
de Provence, dont la langue vibrante a si souve
ajouté des accords à l'harmonie des lettres fra
çaises.

Du beau discours que nous fit Jules Troubat,
me plais à reproduire les lignes suivantes. Ell
méritent cet honneur :

« Je me sens heureux et fier de me trouver
milieu de ce bel essaim de poètes qui représent
de la France, cette jeunesse intellectuelle si l
borieuse et si vaillante.

« Ces fêtes, ces réunions littéraires, comme cel
d'aujourd'hui, sont faites pour apporter au for
de nos âmes le baume salutaire et vivifiant q
nous fait accepter la vie sans rancune, malgré l
angoisses et les déceptions qu'elle nous réserv

« Et que serions-nous, si, par intervalle, no
n'avions quelque chose de doux et de consola
pour nous retremper l'esprit, pour nous délass
le corps ; évidemment nous serions des malhe
reux bien à plaindre ?

« Car, tandis que les uns retrouvent leurs joi
préférées dans des voyages et des promenade
dans des amusements et des distractions quelco

ques, nous, modestes rêveurs, amants de la poésie,
nous nous contentons, dans la solitude du logis,
dans le recueillement de nos pensées, à courtiser
la muse avec amour et dévotion.

« La poésie n'est-elle pas ici-bas l'âme des choses ? N'est-elle pas le livre sacré où sont écrits
en lettres magiques nos douces et brutales impressions, sur la vie humaine, nos farouches
épanchements vers les créatures aimées et ché-
ries, nos colères et nos emportements devant l'injustice sociale ? Tout cela est concentré, inné en
elle-même.

« Un peuple sans poésie, sans littérature, marche
à pas de géant vers sa décadence, vers sa chute
irrémédiable. A cette heure, en France, nous n'en
sommes pas là. Plus que jamais l'amour des arts,
le sentiment du beau, l'attrait du sublime péné-
trent les cerveaux et font fleurir les cœurs. De
toutes parts des talents nouveaux surgissent, des
gloires imprévues rayonnent, des génies surhumains apparaissent au zénith littéraire. Et dans
cet harmonieux concert de la pensée souveraine
et dans cette béatification de la poésie éternelle,
l'homme semble se rapprocher des voûtes éthérées et vouloir se comparer à Dieu... »

Telles sont les éloquentes paroles, qui, dans la
grande presse parisienne trouvèrent des échos
vibrants.

IX

Quelques mois après, sous le titre : *Fleurs de
l'Ame*, je me préparais à faire éditer un volume
de vers, qui plus tard, lors de son apparition, devait mêler mon nom à une aventure singulière et
pénible.

En prévision de la publication prochaine de ce
livre, et, après avoir soumis à François Coppée
une copie du manuscrit, je lui demandai une
courte préface. En retour le doux poète des *Humbles*, malgré ses fatigues, me répondit affirmativement par la lettre suivante :

« Monsieur et cher Poète,

« Bien que mon état de santé donne encore
beaucoup à désirer, j'espère être à même de faire,
d'ici quelques jours, ce que vous me demandez.

« Du reste je vous dois cela après le précieux
hommage que vous m'avez fait récemment, en

m'offrant au nom de tant de jeunes poètes un bel album d'autographes.

« Veuillez agréer, Monsieur et cher Poète, mes plus sincères salutations.

FRANÇOIS COPPÉE. »

Plusieurs semaines se passèrent et la préface ne venait pas.

A la fin, pressé par l'imprimeur, j'étais décidé à renouveler ma demande au maître, mais, ayant connu par les journaux, que sa maladie s'aggravait et qu'il était prêt de subir une opération très délicate, je n'insistais pas.

Sur ces entrefaites, un dimanche prenant un apéritif au *Café Cardinal* avec mes amis André Jayet et Emile Lutz, du *Courrier Français*, je fis connaissance d'un M. Xavier de Merville, se disant rédacteur au *Figaro* et ami d'enfance de Coppée.

En prononçant avec tant de ferveur le nom de Coppée, et, m'assurant avec tant de conviction qu'il était l'ami intime du cher poète, cet illustre inconnu m'avait ému et conquis.

Aussi, dans mon émotion profonde, je ne manquai pas de lui confesser le chagrin que j'avais au sujet de l'apparition de mon livre, sans la préface promise par Coppée, préface annoncée déjà par la presse parisienne.

Devant mes cruels ennuis, cet homme distingué et imposant par ses allures boulevardières et par l'accent de sincérité de son verbe enjôleur, me dit comme consolation :

— Allons, allons ne vous inquiétez pas. Mon « vieil » ami Coppée va mieux ; son opération a réussi à merveille, et si je veux bien m'employer, vous aurez sûrement votre préface demain ou après-demain.

Et tout heureux de cette lueur d'espérance, de cette planche de salut qui s'offrait à mon sauvetage moral, je lui répondais :

— Oh ! faites tout ce que vous pourrez pour moi. Vous me rendrez un réel service et je vous en serai éternellement reconnaissant.

Sur ces paroles, décidé à agir, ce M. Xavier de Merville me demanda ce que son « vieil » ami Coppée devait dire dans cette préface.

Je lui donnai alors de nombreuses notes sur mes origines plébéiennes, sur mes modestes œuvres et sur ma vie laborieuse.

En possession de ces renseignements, il me quitta avec mille politesses, et me fixa un rendez-vous au *Café Cardinal*, pour le surlendemain à cinq heures.

Enthousiasmé par la perspective de cet heureux résultat, qui sauvait mon amour-propre, engagé par la publicité faite autour de cette préface, au jour et à l'heure indiqués, j'étais exact au rendez-vous.

En effet, à l'instant convenu, mon sauveur arrivait, et tout exubérant me disait :

— Oh ! je suis content pour vous ; mon ami Coppée s'est exécuté de bonne grâce. Voici votre préface — elle n'est pas longue — elle a quarante lignes, mais je crois qu'elle vous plaira.

A coup sûr, la préface me plaisait beaucoup ; elle était écrite dans le ton paternel que je prévoyais, et toutes les notes fournies avaient été utilisées avec méthode et goût.

Ému, je me confondais en remerciements et en reconnaissance, devant ce gentilhomme si complaisant et si bon, qui ne voulut même pas accepter de dîner avec moi.

Pourtant à sept heures du soir, lorsque je me préparai à le quitter sur le boulevard, il me dit d'un ton aimable :

— Reconnaissez-vous que je vous ai rendu un service ?

— Mais, vous m'en avez rendu un bien grand, assurément répondais-je.

— Dans ce cas, ajouta-t-il, voudriez-vous m'en rendre un à moi?

— Tout de suite, répliquais-je, avec empressement.

— Pourriez-vous, continua-t-il, me prêter cent francs, afin de m'éviter la peine de retourner chez moi, car j'ai oublié mon portefeuille ?

— Je pense que oui, lui dis-je, en ouvrant à la hâte mon portemonnaie.

En effet, j'arrivai bien juste à parfaire cette somme avec ce que j'avais en poche, et sans méfiance aucune, je la remis à ce *brave* M. de Merille, qui avait été si dévoué et si complaisant pour moi.

Pressé de partir, il m'offrit galamment sa carte et me quitta en disant :

— Tous les soirs vous pourrez me voir au *Cardinal* de cinq à sept.

Joyeux et fier de posséder cette préface tan désirée, le jour même, j'en portai la copie à l'im primeur qui l'attendait impatiemment.

Un mois après, mon volume de vers parais sait et rencontrait dans la presse un accuei favorable.

Une semaine s'était à peine écoulée, depuis so apparition, lorsqu'un matin, me rendant à mo travail d'homme d'équipe à la gare de Lyon, j'a chetai, selon mon habitude, *Le Journal* et j'eu la douleur indignée d'y lire en première pag cette cruelle lettre, adressée par François Coppé à M. Fernand Xau, directeur de ce grand organe

« Mon cher ami,

« Il m'arrive une aventure assez désagréable à laquelle vous pouvez mettre fin en publian cette lettre.

« Un certain M. Michel Pons, poète, vient d publier un volume de vers intitulé : *Fleurs d l'Ame* et accompagné d'une préface qu'il s'es permis de m'attribuer et de signer de mo nom.

« En faisant ce beau coup, ce M. Michel Pon n'aurait jamais cru que sa supercherie fût dévoi lée, — vous le dirais-je ? — il est si dur d'accable un homme, que j'étais presque décidé à garde le silence, et à accepter ce ridicule par piti pour un malheureux.

« A l'heure qu'il est, je n'ai plus le droit de
ne montrer si débonnaire.

« Je viens, en effet, d'apprendre qu'une maison
'édition nie d'avoir donné l'autorisation de faire
gurer son nom sur la couverture de ce livre.

« N'étant plus la seule victime, je ne puis épar-
ner plus longtemps l'auteur de ce méfait litté-
aire, et j'abandonne à leur malheureux sort ces
auvres *Fleurs de l'Ame*.

« Merci d'avance, mon cher ami, pour l'inser-
on de cette lettre dans votre journal et croyez-
noi toujours affectueusement à vous.

FRANÇOIS COPPÉE. »

A la lecture de cette sanglante lettre, je n'en
royais pas mes pauvres yeux. Il me semblait que
étais le jouet d'une aberration mentale.

Pourtant, au bout d'un instant, il fallut me ren-
re à l'évidence de ce fait brutal, que j'avais été
mystifié, volé, par un misérable coquin.

Coup sur coup, j'écrivis deux longues lettres
François Coppée, mais, le vénéré poète des
umbles, sincère peut-être dans son erreur, me
rouva par son silence qu'il ne voulait rien savoir
e ma pénible aventure.

Pendant longtemps, cette triste *affaire* me cha-
rina beaucoup ; cependant, par la suite, relevant
la tête et puisant la force dans ma conscience in-
emne d'aucun reproche, je suivais ma route de
ravail et d'honneur, avec l'espoir et le courage
ui animent un homme, n'ayant rien à craindre.

Pour en revenir à la lettre de Coppée, et, à la contestation de l'éditeur de mon livre, relativement à l'abus de son estampille, voici les conditions *verbales* faites et acceptées devant témoins, entre moi et le directeur de cette maison d'édition :

Moyennant le versement de la somme de cinquante francs, ou bien de la donation de deux cents exemplaires, il m'était permis de faire figurer sur la couverture de mon recueil cette mention : *X, éditeur.*

Et c'est ce que je fis, en souscrivant à la dernière de ces propositions et en remplissant tous les engagements.

Quelques jours après l'apparition de mes *Fleurs de l'Ame,* l'éditeur en question, ayant eu connaissance de l'aventure qui m'était arrivée, avec cette fameuse préface, me retournait les deux cents volumes et niait bel et bien m'avoir donné l'autorisation de disposer de son nom.

Voilà à quelles avanies s'expose l'écrivain naïf et confiant qui accepte, les yeux fermés, les conditions *erbales* des éditeurs *marrons.*

Je me fais un devoir de signaler ce procédé malhonnête à la jeunesse littéraire, — qui souvent par trop de confiance, ou trop de naïveté, pourrait se trouver dans un cas semblable.

X

En Angleterre.

Pénétré, plus que jamais, du besoin que j'avais
d'étudier, de connaître et d'apprécier les mœurs,
les coutumes et la langue de quelques nations
voisines, je me décidai à voyager.

Ces voyages, je dois l'avouer, me donnèrent
non seulement « de la santé et de la gaîté », comme
a dit Voiture mais, ils ouvrirent à mes yeux de
poète, des horizons nouveaux, meublèrent mon
cerveau de mille observations précieuses et me
permirent de goûter à des sensations fraîches et
fécondes.

A mon premier voyage, j'allai voir Londres.
Ah ! les douces heures d'anxiété que je vécus
dans le train, en pensant à l'heureux instant où
je mettrais le pied en Angleterre !

Quand, à Calais, je quittai le chemin de fer pour
prendre le bateau, je me sentis renaître devant
la sérénité du ciel et le calme apparent de la nuit

constellée d'étoiles. Lorsque, à trois heures du matin, la sirène sonne, ou plutôt hurle le départ, je monte sur le pont, d'où j'aperçois alors le phare de Calais-maritime, qui projette sur les côtes lointaines de la Manche ses feux obliques et multicolores.

Plusieurs passagers sont là, respirant comme moi à pleins poumons la brise marine, qui du large, souffle douce et caressante, humide et salée. Puis, calme et recueilli, je suis des yeux et de l'esprit, si je puis dire, les multiples vagues phosphorescentes, qui, légèrement moutonnent et s'en vont dans la nuit mourir au rivage. Bientôt, en pleine mer, le décor change, une brume épaisse envahit l'atmosphère, et, c'est dans les ténèbres que nous avançons.

Guidé par un soudain appétit, je quitte le pont et descends au restaurant, où j'ai l'agréable surprise de rencontrer Clovis Hugues. Comme moi, le député-poète allait se mettre à souper. Heureux de nous trouver, deux Français, faisant le même voyage, nous nous attablâmes ensemble. En dévorant une belle tranche de jambon, la conversation s'engagea sur la politique, sur la Provence et bien entendu sur la poésie.

— La politique, disait-il, est la chose la plus vile qui soit !! Elle perd, elle corrompt tous les hommes. Le politicien qui n'est ni taré, ni véreux, s'il n'est pas considéré comme vendu et *achetable*, est toujours sali par les actions honteuses des législateurs gangrenés, ses voisins. Dans l'im-

monde cloaque bourbeux de la Chambre des députés, j'y siège, en improvisant, en corrigeant mes
poésies. La muse seule me console des déboires
et du dégoût que j'ai pour les professionnels de
la *politicaille* corruptrice.

Je me retrouve le plus heureux des hommes
quand, exilé au fond de ma chère Provence, je
puis oublier Paris et le Palais-Bourbon, en écrivant des vers et des chansons ».

Il me parla longtemps encore avec ce bel enthousiasme et cette chaleur communicative qui lui
étaient naturels. Il m'expliqua la genèse de l'idée
de son livre sur Jeanne d'Arc. Précisément, il
allait à Londres pour achever de se documenter
à des sources un peu dédaignées sur la vie de la
Pucelle d'Orléans.

Bientôt, nous remontons sur le pont, et, quelques
minutes après, une torche flambe et nous inonde de
lumière ; c'est le signal de notre arrivée à Douvres.

Presque aussitôt, nous reprenons le train, et à
six heures du matin nous arrivons à Londres, où
je me sépare amicalement de mon charmant compagnon de voyage.

L'impression première que je ressens en visi-
tant la capitale d'Albion est plutôt médiocre.

Les divers quartiers ou districts, que je traverse,
ne m'offrent pas l'intérêt rêvé. Au *East-End* je
parcours le foyer des classes populaires, qui, aux
jours des grands *meetings*, descendent à *Hyde-Park*
affirmer parcifiquement leurs idées et leurs revendications.

A la Cité, c'est le siège du commerce et de l'industrie. Maintenant, les brasseries, les tanneries, les savonneries, les fonderies, les formidables usines électriques, les immenses ateliers de *constructions métalliques* sont tous au *Borough*.

Le *West-End*, c'est le véritable empire de la *fashion*. Là, on peut admirer les plus beaux, les plus vastes magasins qui étalent, toute l'année, les merveilles de la mode et du luxe.

A *Westminster*, trônent le gouvernement et l'aristocratie anglaise, qui se glorifie de ses beaux hôtels et de ses riches équipages.

Parmi les plus remarquables monuments de Londres, il faut citer en première ligne le Palais du Parlement, gracieux et séduisant, par ses fines sculptures ; le palais de Buckingham qui sert de résidence royale, à certaines époques de l'année ; le palais de Kensington, musée, profondément modifié, dit-on, depuis quelques années et désormais débordant de richesses. Au palais Lambeth, ancienne demeure des archevêques de Cantorbéry, je remarque une très vieille et très vaste bibliothèque, qui est fort décorative, des tableaux d'un art douteux, des boiseries assez jolies qui semblent dater de Louis XV.

Mais voici à l'extrémité orientale de la ville, la Tour de Londres ; la fameuse tour, qui a servi, tout d'abord, de prison d'État pour les plus dangereux criminels du royaume, et ensuite d'arsenal de guerre pendant plusieurs siècles. C'est dans cette forteresse géante que sont enfermés les diamants de la couronne et les archives militaires et judiciaires. Durant de longues années ont eu lieu, dans une partie de ce monument remarquable, les négociations des traités anglais avec les autres puissances européennes. La tradition veut que Jules César ait bâti une citadelle sur l'emplacement de cette tour célèbre, où se survit toute l'histoire britannique.

Comme musée de peinture, l'Angleterre n'en a aucun qui soit comparable à notre Louvre. Le plus important de Londres c'est le *National Gallery* réservé aux maîtres des écoles anciennes. On y trouve *la Vierge et l'Enfant*, de Raphaël ; des œuvres du Titien, de Paul Véronèse, de Rembrandt, de Rubens, etc.

Les principales églises dignes d'attention sont : l'*Abbaye de Westminster*, qui date du viie siècle et renferme les tombes des familles royales ainsi que plusieurs monuments édifiés en l'honneur d'hommes célèbres ; l'église *Saint-Sauveur* construite en 1185, et, enfin, la cathédrale *Saint-Paul*, dont la façade, à deux portiques superposés, rappelle la basilique de Saint-Pierre, à Rome. Sur le fronton de ce temple religieux existe un haut-relief figurant la conversion de saint Paul.

A part quelques exceptions, la capitale de l'Angleterre n'offre pas, comme Paris, cet intérêt passionnant de l'art, ce divin symbole de la Beauté qui vit et perdurera dans la suite des âges.

De même que l'art, la littérature anglaise n'a pas ce rayonnement, ce prestige, cette consécration universelle, que la nôtre possède depuis des siècles.

La seule supériorité que nous ne pouvons contester aux Anglais, sur nous, c'est leur organisation de presse, qui est admirable.

Mais, voilà ! alors que nos grands journaux parisiens font, très souvent, le sacrifice de la politique pour mettre en vedette les articles littéraires et artistiques, les plus importants organes londonniens, sur leurs vingt pages de texte et de gravures, relèguent avec les annonces les chroniques des belles-lettres et les critiques théâtrales. A propos de théâtre, je dois dire que, durant mon séjour à Londres, j'ai vu jouer une œuvre de Shakespeare à Haymarket. Dans cette pièce dramatique, fort bien interprétée, le plus beau rôle était tenu dignement par une femme d'une telle beauté que j'en fis la remarque à un Français de mes amis, qui m'accompagnait.

— Voyez-vous, me dit-il, vous, qui êtes poète, vous avez raison d'observer la vraie beauté de cette Vénus anglaise, car ici, il est aussi rare de voir une belle journée printanière que de rencontrer une belle femme. Aussi, Alphonse Daudet était bien inspiré, lorsqu'il a *blagué* la *défectuosité* du beau sexe en Angleterre.

Cette comparaison un peu risquée était véridique. En terre d'Albion la plupart des femmes sont sans appas, sans grâce, sans charme, mais, par contre, elles sont intelligentes et courageuses. Don et qualité qui leur offrent une juste compensation.

Après toutes ces remarques et ces constatations il faut pourtant que je me résume.

A la suite de tant d'autres, je dirais donc que l'Angleterre ne peut et ne pourra jamais nous égaler en littérature et en art, car l'Art par excellence, l'Art sublime, qui s'est épanoui à travers les races et les temps, n'a laissé de l'autre côté du continent que l'ombre de son rayonnement gigantesque.

Et l'immortelle gloire de notre vieille France latine sera d'avoir été le berceau du Génie, l'arche de la Perfection éternelle !

XI

En Belgique.

**De Paris à Bruxelles. — Griserie de voyage. — Sur la
Colonne du Congrès — Sensations de poète. — Devant
la foule. — Notes et observations.**

Appréciant de plus en plus la juste maxime du
bon La Fontaine, qui a dit : « Celui qui n'a ni lu,
ni voyagé ne peut pas dire grand'chose », un beau
soir, fidèle à mon programme, résolument, je
prends le train pour Bruxelles, cette banlieue de
la France.

Excité par ma nature évocatrice, je partis, grisé,
hypnotisé, comme toujours, par la vive attirance,
par cette irrésistible attraction des grands centres
inconnus, par l'anxieuse curiosité des cités géantes, discernées seulement à travers la gaze de
l'imagination et du rêve...

Je partis, dis-je, avec cette douce et si compré-
hensible impatience, qu'aiguise encore le désir
de voir, de connaître et d'étudier les us et coutumes des villes importantes, prismes aux cent
mille reflets.

Et me voilà seul, à penser, à méditer dans l'indé-

cise clarté d'un compartiment de troisième classe,
à une heure de la nuit, où le mystère règne partout et peuple le cerveau de réflexions désordon-
nées, d'idées sans suite et de visions chimériques.
Puis, plus rien que le roulement sourd et continu
du train, qui me berce et m'endort.

Six heures après, j'étais à Bruxelles, tout étonné
de retrouver un autre Paris. Un Paris minuscule
et forcément moins majestueux que le nôtre. Car
la grande ville brabançonne n'a rien de cette ex-
travagance fabuleuse, qui, tout d'abord, frappe les
yeux et impressionne le cœur du pèlerin qui
passe.

S'il m'était permis, je comparerais Bruxelles à
une femme idéalement belle, — belle sans les appas
artificiels et les illusoires fanfreluches, — belle
sans les travestissements excessifs des cocottes,
condamnées aux grâces et aux sourires factices.

Et, en effet, la poétique physionomie de cette
coquette cité attire et charme le regard, par la
majesté simple et imposante de ses palais et de
ses monuments. Mais, pour bien goûter l'enivre-
ment de la vue d'ensemble de Bruxelles, un mien
ami me conseilla de sacrifier une matinée entière
à contempler l'admirable panorama, qui s'offre
à l'œil de l'ascensionniste, du haut de la célèbre
Colonne du Congrès.

Je ne faillis pas à suivre ce conseil. Le lendemain dès la première heure et sitôt le sourire de
l'aurore naissante, je gravissais allègrement l'interminable escalier, étroit, tortueux et sale de

ce monument. Et là, dominant les bruits confus
et le sourd grondement qui, par intermittence,
monte de la ville, en fièvre d'agitation et de vie,
je me sens étreint, empoigné, par une sorte de
joie presque orgueilleuse, par une espèce d'ivresse
à la fois étrange et prenante. Car, à présent, vers
les quatre points cardinaux, le regard humain
plonge, s'étend et disparaît dans le néant de l'immensité et du vide. Maintenant j'oublie la terre
et les hommes ; et, dans ma rêverie intense, il me
semble planer comme un oiseau sur les édifices
colosses, sur les palais gigantesques et sur cette
immense mer de maisons et de bois, s'éternisant
dans sa continuité, se perdant, au lointain, dans
les buées vaporeuses de l'azur.

Au nord, sur la place Royale, voici l'église
Saint-Jacques-sur-Caudemberg, qui dresse fière-
ment son campanile, soutenu par six colonnes
corinthiennes, tandis qu'à ses pieds Godefroy de
Bouillon, sur son coursier de bronze, est toujours
prêt à partir en Terre Sainte. A côté, un peu à
l'est, *le Palais de Justice* s'impose à la vue par sa
carrure et la proportion géante de son dôme majestueux, qui troue et découpe la brume légère du
matin. Plus loin, plus haut, c'est *le Parc*, c'est le
Musée de Peinture, c'est la *Caserne des Guides*
que l'on aperçoit et distingue aisément. Au sud,
çà et là émergent de la pleine ville : *l'Hôtel des
Postes, la Bourse*, le *Théâtre de la Monnaie*, la flèche gothique de *l'Hôtel de Ville*, les *Halles Cen-
trales, le Théâtre Flamand*. Et, tournant le regard

sensiblement à droite, je reconnais les deux tours massives de la curieuse église *Sainte-Gudule*, pendant que se dérobe, derrière elle, la *Porte du Hal*, une bastille miniature transformée en un musée d'armes anciennes. Puis, scrutant des yeux plus minutieusement le lointain, on aperçoit les plateaux de Saint-Gilles et de Kolkelberg, qui font des immenses taches vertes et grises, comme une ébauche de peintre paysagiste. A l'ouest, le Jardin Botanique avec ses allées harmonieuses, s'étend démesurément jusqu'à l'imposante gare du Nord. Et de partout le regard avide de beauté plonge et se perd sur des coteaux verdoyants qui s'allongeant en amont, et en aval, vont rejoindre la charmante cité de Malines, le bois de la Cambre et le lion de Waterloo.

Pendant que je contemple avec ivresse toute la magnificence du panorama de la ville, à cette heure matinale, le soleil se montre à l'horizon et incendie la nature entière. Bientôt, une légère brise chasse, peu à peu, de l'atmosphère la buée laiteuse et les nuages épars, tandis qu'une nuée de corbeaux jette, un instant, la note discordante dans l'azur ensoleillé.

Tout s'illumine et resplendit sous l'éclat des rayons de l'astre du jour ; les toitures mouillées de rosée, les plantes, les verdures, les fleurs, humides des pleurs de la nuit, étincellent comme de ravissants émaux. Et devant cette impressionnante féerie de la divine nature, je reste un moment néanti par la beauté sublime de ce tableau merveilleux. Enfin ce doux rêve poétique prend fin et, dans l'éblouissement des choses mirifiques que je venais de voir, je descends tout ému de la Colonne du Congrès et viens admirer, durant un instant, la foule des passants, qui, maintenant à ses pieds, dans la rue Royale, devient compacte et houleuse.

Dans ce flot humain, on remarque un ton disparate, une inégalité bizarre dans la conformité des conditions de la vie sociale. Au hasard de cette multitude bourdonnante, on voit défiler, on distingue çà et là des figures originales, des types curieux à observer.

Voici tout d'abord des fillettes de huit à treize ans, qui, en tablier bleu et cheveux au vent, vendent des noix nouvelles et des petits bonbons roses. A côté, ce sont des bonnes vieilles édentées, coiffées de capotes jaunes ou grises, faisant la vente ambulante des œufs durs, des brioches à la confiture et d'affreux gâteaux à l'huile.

A travers le flux et le reflux des passants et des promeneurs, des nombreux camelots nippés à la mode du jour font la vente des cartes postales illustrées, des jouets mécaniques et d'un tas de bibelots à bon marché.

Et pendant que de beaux carrosses et des voitures aristocratiques suivent ou sont suivis par des vélocipédistes et des marchands des quatre saisons, des chiens, en nombre infini se succèdent sur la chaussée et traînent, haletant, en tirant la langue, des minuscules charrettes, chargées de pains d'oranges ou de pots de lait. Au milieu de tout ce monde affairé et pressé, j'observe des gamins moins braillards, moins railleurs que les nôtres ; des cochers plus cossus et plus polis que nos automédons parisiens, des femmes spirituelles et jolies, des agents de police d'une amabilité sans pareille.

Tout cela vit, grouille, passe et se succède sans fin, devant mes yeux étonnés...

Et maintenant, comme conclusion, si l'on pénètre rapidement dans l'activité de la vie littéraire et artistique de ce bon peuple voisin, on est forcé de reconnaître que notre belle langue a retrouvé en cette terre amie et sœur de la nôtre, un écho harmonieux et fécond, qui grandit et s'étend de plus en plus, dans les masses populaires.

Aujourd'hui, on peut dire hautement à la face des autres nations que la Belgique, avec sa brillante et puissante armée de poètes, de littérateurs et de savants, est, si je puis m'exprimer ainsi, la vraie, la seule succursale française de l'immortel génie de notre glorieuse race.

XII

En Suisse

Devant le lac Léman. — Promenade dans Genève. — La perle de la Suisse. — Notes poétiques. — Excursions dans les environs.

Oh ! les heures douces et bénies, que j'ai passées dans cette ravissante cité de Genève, épanouie dans l'immortelle poésie de son ciel, de ses montagnes et de son lac. De son lac, surtout, vrai miroir magique, reflétant, tour à tour, les rayons du soleil et les voûtes étoilées des belles nuits estivales.

O lac de rêverie et d'amour ! quel génie, quel Dieu a donc si bien choisi ton lit, tracé tes rives, moiré tes eaux ! Dans l'éblouissement de ta majesté l'on est forcé de croire à la collaboration harmonieuse des êtres humains et des choses de la nature. Tout concourt à la glorification de ta beauté ; les cieux t'admirent, les monts te contemplent, les poètes te chantent, le passant te salue et t'aime.

A ton côté, le rêveur solitaire s'attarde et se grise de la volupté de tes charmes, lorsque sur ton onde bleue ou verte, bercée par les fraîches brises, esquifs et barquerolles s'agitent, glissent et fuient sous le regard sévère des montagnes géantes, qui protègent tes rivages hospitaliers.

O lac fascinateur et séduisant! toi, que Voltaire magnifia en des strophes sublimes, tous les premiers peuples vinrent te saluer! Triomphants ou vaincus les allobroges, les romains, les bourguignons passèrent près de toi et voguèrent sur tes flots veloutés !..

Si Homère et Virgile avaient connu la grâce, la douceur de tes multiples attraits, ils n'auraient pas manqué de dire que l'âme de la poésie éternelle habitait dans les abîmes de tes flancs purs et impénétrables...

Mais, halte-là, ô lac ensorceleur ! il faut que j'arrête ici ce colloque intime et troublant avec toi, et que j'aille continuer ma promenade mélancolique dans les rues tranquilles de la ville, chère aux dilettanti du tourisme.

Car Genève est, par excellence, le pays d'adoption des pèlerins fanatiques affamés d'air pur, de soleil et de beauté.

La beauté ! mais elle vit et règne harmonieusement partout, à l'intérieur comme à l'extérieur de ses riches monuments ; elle règne dans sa cathédrale dédiée à saint Paul, vrai chef-d'œuvre du x° siècle ; elle règne triomphalement dans son musée Rath, dans l'Ariana et dans tous les autres musées qui font son légitime orgueil et même sa gloire.

Et n'est-ce donc pas encore une gloire, que de compter au nombre de ses enfants des hommes tels que Jean-Jacques Rousseau ; Necker, père de Mᵐᵉ Staël, le célèbre ministre de Louis XVI et l'illustre sculpteur Pradier !

Ainsi qu'on le voit, l'histoire, l'art, la poésie, tout concourt, en somme, à faire de Genève une cité fière et sublime. Sublime elle l'est par essence, car la divine nature dans son immense générosité la combla de tous ses dons et fit d'elle une fée enchanteresse.

Alexandre Dumas, qui aimait beaucoup la Suisse, et surtout Genève, a écrit ces quelques lignes pleines de douceur et de charme, que je ne peux m'empêcher de reproduire :

« Genève, dit-il, est après Naples une des villes du monde les plus heureusement situées. Paresseusement couchée comme elle l'est, appuyant sa tête à la base du Mont Salève, étendant jusqu'au lac Léman ses pieds que chaque flot vient baiser, elle semble n'avoir rien autre chose à faire que de regarder avec amour les mille villas semées aux flancs des montagnes neigeuses. »

Séduit, grisé par la grâce altière et sauvage de ces monts fantastiques, par la grandeur troublante de ce lac immuable et par toutes les beautés infinies de ce séjour paradisiaque, je notais en passant ces modestes vers :

Salut, salut, Genève,
Cité noble où le rêve

Refleurit sous tes cieux.
Salut, ville bénie
Où vit la poésie,
Ce verbe d'or des dieux,

Et le soir quand la lune
Naît, rit dans la nuit brune
Qui tombe sur les champs,
L'on va plein d'indolence
S'enivrer en silence
De mélodieux chants.

Errant à l'aventure
Aux bords de l'onde pure,
J'ai longtemps médité ;
J'ai vu pleuvoir dans l'ombre
Des étoiles sans nombre
Du ciel diamanté.

Et dans la clarté grise
Au souffle de la brise,
L'eau clapote et s'endort
Tandis que des voix molles
Montent des barquerolles
En un touchant accord.

Et le cœur vole, vole,
Avec la brise folle
Qui pleure dans la nuit,
Dans la nuit calme et sainte,
Où la Nature enceinte
Enfante *Tout* sans bruit.

Maintenant, si l'on pénètre dans le domaine des
choses de l'esprit, l'on est forcé de reconnaître

que Genève, avec son université et ses nombreuses bibliothèques, est, après Paris, un important centre de la vie intellectuelle française.

Du côté commerce et industrie, nul n'ignore que Genève est une des plus importantes villes européennes pour la fabrication de tous les genres d'horlogerie, et des *boites* à musique ; c'est elle qui fournit et approvisionne le monde entier.

D'autre part, suivant les lois fatales du progrès et de la science, on peut voir que Genève, par suite de l'augmentation constante de sa population métropolitaine et du nombre toujours croissant de ses touristes cosmopolites, s'est hautement intéressée, depuis longtemps, aux créations artistiques de l'architecture moderne.

Qui n'admirerait pas les élégantes villas, les maisons splendides, les hôtels luxueux, qui tantôt s'alignent, s'échelonnent, se regardent avec l'orgueil majestueux de leur ligne idéale !

Les flancs des montagnes, les bords du Rhône, les rivages du lac en sont garnis, ornés, de ces magnifiques constructions, dans lesquelles les touristes et les pèlerins de toutes les nations y trouvent le bon goût et le confortable rêvés.

Maintenant, si je quitte à regret cette perle de la Suisse qu'est Genève, et que je longe le lac, pendant quelques heures, de voiture, en contemplant les admirables paysages et les sites délicieux qui se succèdent sans trêve, j'arrive comme par enchantement au charmant village de Coppet.

Ne croyez pas que Coppet soit célèbre dans

l'histoire. Non ! Son passé n'évoque aucun fait héroïque ou sanglant, digne de la postérité.

Toute la gloire de ce bourg de cinq cents habitants, poétisé par la nature, est d'avoir l'honneur de posséder les restes de Necker et de Mme de Staël.

Ah ! s'il fallait décrire toutes les séduisantes contrées qui environnent et encadrent harmonieusement Genève et son lac magique, la plume serait impuissante à le faire.

Tant de verdure luxuriante, de baies idylliques, de promontoires exquis, forment un tel décor de magnificence et de féerie que, devant lui, toutes facultés humaines sont troublées et anéanties.

Rêveurs, peintres, poètes, vous tous mes frères, qui êtes les vrais amants de la divine nature, allez visiter la Suisse enchanteresse, vous en reviendrez ensorcelés par son incomparable beauté !

XIII

En Italie

Terre de poésie et d'art. — Réflexions d'un passant. — Quelques villes d'Italie. — Turin, Pise et Gênes. — Tableau triste. — Églises et Palais.

Lorsque Jean-Jacques Rousseau écrivait : « C'est mal raisonner de conclure que les voyages sont inutiles aux hommes », le célèbre écrivain semblait répondre bien à propos à Mme de Staël, qui dans *Corinne* s'exclame lyrique : « Voyager, voyager ! est, quoi qu'on en puisse dire, un des plus tristes plaisirs de la vie. »

J.-J. Rousseau avait raison, non seulement le voyage est utile à l'homme, mais il fait l'homme lui-même.

Je dois l'avouer, ce mot magique : *Voyager*, m'a toujours rempli le cœur d'une joie sans égale, car la vie nous offre, par moment, des déceptions si cruelles et des peines si meurtrières, que souvent notre âme chancelante saigne et cherche une réconfortante consolation, un puissant stimulant, dans les pèlerinages à travers le monde.

Ah ! comme on les goûte et comme on les sa-

voure ces excursions dans des lieux paradisiaques,
dans des cités célèbres et glorieuses, dans des
villes nobles et bénies, où le rêve erre et fleurit
sous des cieux idéalement purs, où les arts des
siècles défunts règnent sous la vétusté des vieux
temples, des antiques monuments en ruines, où
l'éternelle beauté s'épanouit, illuminant, de ses
rayons divins, tous les peuples de la terre.

J'avais déjà vu Londres, avec sa bruyante vie
commerciale et industrielle, avec l'immensité de
son étendue et ses perpétuels brouillards, mais,
tout cela, moins que le naturel glacial et sournois
des fils d'Albion, m'avait surpris.

Bruxelles, par les originalités et les bizarreries
des mœurs de ses habitants m'avait particulièrement charmé ; car sous ses divers aspects la capitale de la Belgique renferme des choses vraiment
dignes d'intéresser l'observateur.

De même, Genève n'avait pas manqué d'apporter en mon être d'inexprimables sensations, avec
l'ensorceleuse poésie de son lac, de son ciel et de
ses montagnes.

Mais, ni les précieux souvenirs de ces villes enchanteresses, ni les observations curieuses de ces
foules diverses, ni même les grâces rarissimes de
leur beauté, n'avaient eu le pouvoir, le don, d'attirer mes regards, de forcer mon admiration, de
séduire mon cœur, comme cette sublime et glorieuse terre italienne, dont l'immortel passé est
inscrit en lettres d'or, dans les pages de l'histoire
de l'humanité.

Et la première ville que je visite, en quittant la France, par la poétique Savoie, c'est Turin. Turin cette ancienne capitale de la Sardaigne, belle comme une fée, belle, par la propreté de ses rues parallèles et par le cachet imposant de ses somptueuses maisons, formant un contraste pénible avec la misère intense qui sévit çà et là sur cette stérile terre latine.

Au même moment où je m'y trouvais, une exposition *d'art antique et sacré* avait lieu. Je m'empressais de la visiter.

Toutes les richesses artistiques anciennes, que l'idéale Italie possédait, étaient là, classées, numérotées, avec tous les soins et la dévotion que nécessitait leur valeur historique. Tout le passé d'un peuple valeureux, d'un pays illustre, revivait sa noblesse, sa grandeur, sa beauté dans ce pêle-mêle charmant, dans cet entassement savant des précieuses reliques, qui font une nation grande et fière, parce qu'elles représentent le cadre lumineux de sa gloire, dans les temps primitifs.

Si les formidables commotions du paganisme et du christianisme ont, dès les premiers âges d'un peuple, collaboré à sa décadence et à sa destruction, il n'en reste pas moins avéré, qu'en dehors des luttes imbéciles et sanglantes des religions, l'art a eu toujours sa place marquée dans la vie calme ou mouvementée des hommes sages ou violents. Ce qui démontre que la beauté n'a rien perdu de sa splendeur primitive, à travers les âges, pas même aux heures de transition des époques tranquilles, aux jours de tourmentes révolutionnaires.

Turin n'est pas, à vrai dire, une perle de la terre italienne, comme Venise, Florence, Naples ; c'est un centre bourgeois et mondain comparable à la coquette cité française : Nice. Son ciel, son climat, sa vie paisible, en font un Éden aimé des touristes.

Pise est un coin merveilleux, un lieu charmant de l'empire latin : Rien n'est plus beau que de voir circuler pieds nus, dans ses rues dallées, des caravanes de paysans au teint basané, se rendant ou revenant du marché aux grains de la Halle neuve. L'Arno, une grande rivière qui traverse la ville, roule paresseusement ses eaux tranquilles et majestueuses sous un ciel implacablement pur.

Pise est universellement connue par sa célèbre tour penchée, qui est comme le *clou d'or* de sa renommée ; elle possède un *camposanto*, un musée de peinture et quelques magnifiques édifices historiques.

Galilée, le fameux astronome qui établit scientifiquement le mouvement diurne de la terre, est un de ses enfants.

Gênes, comme une sultane antique, repose et sommeille sur les rives bleues de la Méditerranée. Et, ni les vagues géantes qui déferlent de la pleine mer, ni les vents fous qui soufflent en tempête, venant du large, n'arrivent à troubler la quiétude du port immense, dans lequel dorment d'innombrables navires, arborant à leurs mâts les couleurs de leur nationalité.

Commercialement parlant, Gênes est à l'Italie ce que Marseille est à la France. L'ensemble de la ville n'a rien d'imposant. Seul, le mouvement intense de son port crée une agitation constante, dans ses rues étroites et escarpées, bordées de maisons laides et sales, dont le temps et l'âge en ont fait leur proie. Dans certains quartiers, c'est pire encore, à la vue des immondes habitacles et des répugnantes bâtisses qui s'arc-boutent les uns avec les autres, on devine la misère qui dévore les loques humaines qui y vivent, dans une grouillante vermine. Malgré tout on est pris de compassion et de pitié devant ces malheureux êtres, qui n'ont de l'homme civilisé que la silhouette et le nom.

Et le soir accoudé, rivé à la fenêtre de ma chambre, qui dominait le port, j'ai longuement médité ce spectacle, en pensant à la vie affreuse de ces pauvres créatures, damnées par le sort et rayées presque de l'humanité.

Pendant plusieurs jours, j'ai visité la ville avec intérêt, et tour à tour, j'ai vu sa belle cathédrale dédiée à saint Laurent, avec ses tableaux et ses sculptures datant du xi° siècle. Son église Sainte-Marie de Carignan, qui depuis 1552 domine la mer comme le phare de Dieu, est réellement imposante, par ses ressemblances frappantes avec Saint-Pierre de Rome. D'autres églises telles que celles de l'Annunziada, de Saint-Etienne, de Saint-Ambroise, méritent quelque attention. Mais les palais sont les plus beaux ornements de cette ancienne capitale d'une république moyen-âgeuse.

Le palais Brignonne est un riche musée de peinture où trônent les œuvres de Rubens, du Titien, Guerchin, Paul Veronèse, Van Dyck, Albert Dürer, etc...

Le palais Balbi, autre musée, offre autant d'intérêt d'art que le premier, avec ses précieux tableaux signés : Strazzi, Caravage, A. Carrache, Lucas de Leyde, André del Sarto et *tutti quanti*.

Le palais ducal, œuvre du xvie siècle, et le palais de l'université finissent la liste des monuments historiques de Gênes.

Longtemps après la visite de toutes ces merveilles artistiques, j'ai souvent pensé avec tristesse à la misère atroce que garde et que couve cette grande ville, dont la plume de Mme de Staël en faisait « *une ville* de rois ».

XIV

A Rome

Après Turin et Pise, me voilà quittant Gênes et faisant route vers la glorieuse cité italienne. Le train qui m'emporte en plein jour, à une allure folle, me permet, cependant, la douce et rapide contemplation de multiples bourgs ou villages, dont l'aspect riant et tranquille s'harmonise merveilleusement avec les vastes paysages féeriques qui se succèdent, sans fin, à mes yeux éblouis. Seul, un poète divin pourrait traduire l'expression du pittoresque sauvage et chanter le charme troublant des sites sublimes, sur lesquels s'étend un ciel immense, éternellement azuré.

De Gênes à Rome, c'est un interminable défilé de grandes plaines ensoleillées, de vallées verdoyantes, de coteaux fleuris, émaillés, çà et là, d'oliviers, de figuiers, d'amandiers et de tant d'autres arbres qui aiment les températures normales et les climats particulièrement doux.

A côté, la mer, toujours en œuvre dans sa perpétuelle agitation, déroule indéfiniment l'immensité de son étendue liquide, sous la lumière éblouissante et l'or fauve d'un soleil parfois tropical.

Jusqu'à Rome, fidèle et soumise comme une esclave, elle nous suit, tandis que ses vagues dolentes et traîtresses semblent venir se *suicider* sous les roues du train qui m'emmène...

Et la vapeur emprisonnée, domptée, portée par un monstre de fer, gavé d'eau et de houille, — tel un ouragan déchaîné, — poursuit longtemps encore sa course vertigineuse et folle à travers les savants vallonnements des plaines mal cultivées du littoral méditerranéen...

Bientôt, rempli d'une douce émotion j'arrive dans Rome ; Rome, cette reine du passé, qui vit briller sur le front de ses héros, de ses martyrs, l'auréole du génie et de la gloire.

Que le lecteur n'attende pas trouver ici d'abondants détails archéologiques sur la ville éternelle. Dans ces brèves notes, je me suis appliqué surtout, à décrire succinctement les choses mirifiques rencontrées sur ma route, et à reproduire fidèlement les exquises sensations que j'ai ressenties, en foulant ce sol arrosé de sang, sur lequel se déroulèrent les grandes tragédies humaines, qui firent de Rome la capitale et la maîtresse du monde.

Malgré les fatigues d'un tel voyage, malgré l'heure tardive — minuit — rien ne put briser l'irrésistible attirance qu'exerçait sur mon esprit cette cité dédiée à l'Art et à la Beauté.

Dès mes premiers pas, une force inconnue, surnaturelle, naquit en mon être, et je me sentis fier,
orgueilleux devant l'ancienne et glorieuse capitale
de l'empire romain, endormie paisiblement dans
le souvenir de son immortel passé.

Et dans la nuit calme et grise, à travers les
rues mornes et tristes, j'errais comme un mendiant de la poésie, comme un vagabond du rêve,
scrutant sur les ailes de la pensée, les ténèbres
mystérieuses, cherchant à tout pénétrer, sans
rien connaître, dévorant du regard les étranges
silhouettes des temples, des palais, des monuments estompés dans la pénombre.

Enfin, tardivement, la fatigue et la faim finirent
par avoir raison de cette griserie aventureuse, et
c'est sur le matin, dans un hôtel quelconque, près
du Forum, que je vins échouer comme une épave
humaine.

Un repas confortable, une nuit de repos me
donnèrent de nouvelles forces, et le lendemain et
les jours suivants par un temps splendide, je
commençais à visiter les merveilles que la ville
aux sept collines a la gloire de posséder.

Tour à tour, mon admiration se porta sur le
Colisée, le Forum, le Panthéon, la Fontaine des
Trèves, la maison de Tibère, la statue équestre de
Marc-Aurèle, le cloître Saint-Paul, la porte Majeure, le Mausolée d'Adrien, la colonne Trajane,
la cathédrale Saint-Pierre, et mille autres chefs-
d'œuvre des hommes, qui devinrent des dieux
par leur génie transcendant.

Charmé, ravi par les inappréciables trésors de
l'art, qui venaient de défiler devant mes yeux
je me reposai pendant une exquise journée, en
accomplissant un pèlerinage, ou plutôt en faisant
une cure poétique au mont Palatin, au Capitole et à
la Roche Tarpéienne. De là, poursuivant ma route
sous l'éclatante lumière d'un soleil brûlant, je
m'acheminai vers les deux principales voies ap-
piennes : celle de Saint-Sébastien, qui s'allonge
sur les catacombes, et celle de *Nuovo* qui s'étend,
se perd en rase campagne, dans une vaste plaine,
où quelques rares bouquets de cyprès s'efforcent
un peu d'égayer la tristesse du paysage.

Puis ce furent d'admirables monuments, des
ruines imposantes que je vis et revis successivement avec la même joie et la même incantation.
Je visitai les Temples de la Fortune virile, de
Bramante, de la Paix, de Faustine, de Vesta, d'Antonin, des Paillades ; les arcs de Titus, de Septime
Sévère, de Quadrifrons, de Janus, de Constantin,
de Gallien, de Drusus, etc., etc...

Détailler tout au long les magnifiques sculptures qui font la noblesse et la richesse des vénérables reliques romaines, énumérer les multiples
chefs-d'œuvre de peinture qui proclament la gloire
d'un si grand peuple, tout cela me paraît super-
flu. D'autres plumes plus autorisées que la mienne
l'ont fait depuis des siècles, et à titre de poète, je
veux avant tout m'en tenir uniquement à une impression subite d'ensemble.

Continuant mes promenades quotidiennes en

quête de ravissement et de beauté, du matin au
soir, je fis plusieurs fois l'agréable ascension du
Janicule, ne manquant jamais à mon retour de
revoir la maison natale du Tasse et le vieil orme
célèbre, sous l'ombrage duquel venait, dit-on, rêver l'illustre auteur de *Jérusalem délivrée.*

Ces douces promenades journalières dans ce
site recueilli et poétique de la ville éternelle
charmèrent, inspirèrent mon cœur à un tel degré
d'expansion, qu'un après-midi, favorisé, bercé, par
la bruyante et rythmique chanson des cigales
romaines, je me reposai sur un banc qu'ombra-
geaient de nobles arbres, et j'improvisai sous le
titre « Salut à Rome » une pièce de vers qui figu-
rera dans mon prochain livre : *Rimes d'âge mûr.*

Non, vraiment, jamais je n'oublierai ce Janicule, qui est comme un petit paradis aérien, promis aux rêveurs, aux poètes, et toute ma vie, je
l'avoue, je conserverai dans mon âme l'ineffable
sensation, qu'un soir j'ai éprouvée, lorsque du
sommet de cette *perle,* la plus ravissante des sept
collines, je contemplais la majesté du panorama
de la ville... à mes pieds étendue.

Le soleil était à son déclin et la journée adora-
ble s'achevait lentement dans la douce mélancolie que l'été fait naître sous le ciel italien.

A mes pieds, la vieille Rome semblait dormir
dans le souvenir des siècles éteints. Elle semblait
dormir, sous les lauriers sanglants et fleuris des
grandioses victoires primitives, sous les palmes
d'or de ses mâles et furieux héros, sous l'éblouis-

sante majesté de son passé sublime, qui au-dessus
des ruines affirme et proclame encore à la face
du monde le courage et le génie de ses enfants.

De ce passé, qui à la fois stupéfia, épouvanta
en les illuminant, tous les peuples de la terre,
jusqu'alors endormis dans l'inertie et la torpeur.
De ce passé, attestant que le vieux sol latin fut,
pendant plus de mille années, vivifié par le sang
pur et généreux des martyrs de la foi chrétienne.
De ce passé qui fit jaillir des ténèbres de l'igno-
rance les premières étincelles de la civilisation,
les premières créations de l'art.

Et à contempler ainsi l'harmonieuse vue d'ensemble de la Rome glorieuse, je m'abandonnais
à ce frisson étrange et pénétrant, à cette irrésistible domination qui envahit l'homme devant la
Beauté, quand elle remonte vers lui du fond de
l'Histoire.

Puis, pendant que le soleil défaillait à l'occi-
dent ensanglanté, mes yeux éblouis erraient sur
l'immensité, distinguant à peine dans la brume
laiteuse les silhouettes gigantesques des monuments qui émergeaient de la ville.

Tandis qu'un rempart de nuages noirs se dres-
sait contre les dernières clartés crépusculaires, la
nuit lente et douce s'appropriait la terre, et apportait déjà sa bienfaisante fraîcheur après cette
chaude et lourde soirée estivale.

Peu à peu l'ombre s'épaissit, un mystère erra,
plana et s'étendit sur la cité historique... Et parmi
les bruits qui s'en élevaient et montaient vers

moi, il me semblait entendre, répercutées par les airs, les clameurs passionnées et formidables de la plèbe romaine, hurlant au Colisée sa furieuse allégresse devant César, lorsqu'il présidait les combats de gladiateurs.

N'entendais-je pas le peuple protester contre les tyrannies de Tibère, les perfidies de Dioclétien, les folies et les atrocités de Néron ?

Scènes palpitantes d'émotion! spectacles d'horreur ! luttes intestines ! noblesse de paroles ! gestes de cruauté! tout revivait momentanément dans mon cerveau assiégé, envahi par cette soudaine renaissance du passé, par cette résurrection d'un grand peuple.

Plusieurs jours, le soir à la même heure, je suis venu me recueillir sous les arbres du Janicule, et, quand le moment de partir arrivait, bien à regret je m'éloignai de cette terre bénie, dont le parfum morbide et grisant enfiévra tous les poètes du monde.

XV

Chez Frédéric Mistral

Les meilleurs écrivains l'ont dit, la Provence, riche et fière de ses antiques monuments, de son harmonieuse langue et de ses fastes historiques, est la digne fille de l'Italie et même de la Grèce.

Avignon, ennobli, glorifié par la solennelle beauté de son château des papes, par ses magnifiques remparts et ses vieilles et précieuses reliques, semble une nouvelle Athènes endormie éternellement dans le riant crépuscule de son fabuleux passé.

Arles, la Rome française, de même que l'ancienne capitale du Comtat-Venaissin, porte en son cœur l'empreinte profonde du génie latin et le reflet magique du pur atticisme des Grecs. Sa cathédrale byzantine et son cloître Saint-Trophyme, ses arènes et son obélisque, son théâtre romain et ses Alyscamps, sont autant de perles éblouissantes, ornant la divine couronne que tant de siècles glorieux ont posée sur son front vénérable.

Il était donc écrit qu'un peuple qui offre tant de remarquables références d'art, et qui sent courir dans ses veines ce sang viril infusé par l'ascendance de la race gréco-latine devait, tôt ou tard, voir naître parmi ses enfants un nouvel Homère, dont Mistral devait être l'incarnation.

Oh ! Saluons ce sage patriarche, ce divin poète ! qui, dans cette Provence aimée des hommes, chérie de la nature, bénie des dieux, a su revivifier mot à mot les séculaires expressions de notre riche parler natal, avec lequel nos primitifs savants purent jadis édifier le monument incomparable que forme la belle langue française.

Ah ! comme la France a le droit, au plus haut titre, de s'enthousiasmer, de s'enorgueillir de cet illustre fils, resté toujours fidèle à sa petite patrie, en continuant sans cesse d'invoquer et de magnifier la terre, la nature et la vie !

Nourri de ces douces pensées, touché des quelques lettres encourageantes que Mistral m'avait fait l'honneur de m'adresser, à propos de mes livres, je m'étais promis d'aller le saluer, dès mon premier voyage dans le Midi.

Je n'y manquais pas. Durant l'été de l'année 1895, allant à Nîmes passer un mois de vacances, je m'arrêtais en Avignon, où je changeais de train pour Graveson, et de là une vraie diligence très 1830 devait, en trente minutes, m'emmener à Maillane.

Durant le trajet d'Avignon à Graveson ou de ce village jusqu'à Maillane, le paysage est vraiment poétique, à la faveur de cette plaine immense, unie et fertile, complantée de vignes, de vergers et d'olivettes, qui va se perdre et mourir au pied des gracieuses Alpilles, évoquées si souvent par le génial auteur de *Mireille*.

Quand je prends place sur l'impériale de la vieille *patache*, qui doit me conduire au joli village rendu célèbre par Mistral, le conducteur, un homme d'une soixantaine d'années, à grosse moustache grise, l'œil vif et d'une nature exubérante, comme du reste tous les Provençaux, ne tarde pas à lier conversation avec moi. Il me parle de la richesse du sol, de la culture des fourrages, des céréales. Il m'explique le rendement très avantageux des divers arbres à fruits. Puis, devinant que je vais voir le grand poète, il me fait son éloge et ne dissimule pas son amour pour celui qu'il qualifie si justement de : *Dioù dé nosté béou parla*[1].

Tout cela dit, en cette lyrique langue provençale et avec cet enthousiasme qui est inné dans l'âme méridionale, m'amuse, m'intéresse et me conquiert profondément.

Après les multiples zigzags de la route poudreuse et blanche, bordée de gigantesques platanes, dont le feuillage épais préserve des cuisants rayons du soleil, j'arrive enfin en terre promise.

Je descends sur la place du village. Une place

---

1. Dieu de notre beau parler.

très spacieuse, entourée d'ormeaux géants, sous l'ombrage desquels s'alignent les terrasses des cafés, garnies de quelques tablées de paysans, *sirotant la verte* [1] et discutant sur les travaux agricoles de l'époque. A côté, l'église simple et jolie voisine avec la coquette villa de Mistral.

Lorsque je sonne au portail grillagé de la maison de l'empereur des félibres, une servante apparaît, et tout en m'examinant minutieusement semble deviner l'objet de ma visite. Elle dit toute souriante :

— Vous demandez M. Mistral? Dépêchez-vous ; il va partir en promenade dans les champs.

Je hâte le pas, et en effet, sur le seuil même de la porte, je le rencontre.

— Bonjour, maître, lui dis-je en m'inclinant respectueusement.

— Bonjour, mon brave Bouillarguois, répond-il, souriant et la main tendue.

Puis il poursuit en m'entraînant amicalement dans son cabinet de travail :

— Je suis bien content de vous voir. J'ai lu vos œuvres ; elles m'ont vivement intéressé et charmé par leur inspiration et leur grâce. Quoique résidant à Paris, vous aimez et chantez toujours les souvenirs de votre charmant village. C'est très bien, de conserver ainsi pieusement le culte de la petite patrie et des ancêtres.

Après m'avoir désigné un fauteuil, à côté du sien, l'illustre poète continue :

1. *L'absinthe.*

— Il faut que je vous félicite de la façon louable et intelligente, dont vous rédigez votre charmante revue littéraire *la Mandoline*. En pleine capitale, vous avez le courage et l'honneur de publier dans chaque livraison mensuelle plusieurs articles de prose et des poèmes écrits en cette belle langue provençale, à la restauration de laquelle j'ai voué ma vie. Vous êtes digne à tous égards de notre terre latine. Je vous en fais mon compliment. Allons, mon ami, il faut trinquer ensemble.

Et sur un geste du maître, la servante nous apporte une vieille bouteille de vin, de Château-Neuf du Pape. Nous choquons les verres, puis il reprend :

— A Paris, que fait-on ? J'y fus, il y a quelques années au retour d'un voyage à Rouen, où j'étais allé pour la mise en scène de *Calendal* ; ce voyage me permit même de présider un banquet de la *Cigale*[1] et de revoir mes nombreux amis... Depuis je n'y suis pas retourné.

Continuant sa causerie amicale et tout en versant une nouvelle *tournée* du fameux vin pontifical, sacré, paraît-il, par Clément VI, en son Vatican avignonnais, Frédéric Mistral ajoute :

— Savez-vous qu'un grand prosateur provençal vient de se révéler en la personne de cet ancien paysan de Bellegarde (Gard), Baptiste Bonnet. Ses livres, traduits en français par mon

1. Société de Méridionaux à Paris.

ami Alphonse Daudet, ont une saveur pénétrante, un goût de terroir, que les fins gourmets des lettres apprécient hautement. Daudet si dévoué et si bon a fait là un geste digne de son cœur. »

Maintenant le maître me parle des principaux félibres parisiens, de Charles Maurras, Fernand Hauser, Clovis Hugues, Amy, Lucien Duc, Han Ryner, Paul Redonnel, Mariéton, Jules Véran ; pour tous il a un mot aimable, un souvenir à évoquer.

Enfin il m'invite à faire une promenade dans son jardin. En sortant, il me fait admirer sa belle bibliothèque, des vieux meubles de la Provence, des armes anciennes, une magnifique statuette de *Mireille*, une jolie reproduction de la *Vénus* d'Arles, deux beaux bustes : *Lamartine* et *Gounod* et en dernier lieu toute une série d'autres bustes, de médaillons et de photographies représentant les plus grandes figures de l'état major du *Félibrige*.

Et le maître armé de sa canne, accompagné de *Pan-Perdu* — un fidèle chien qu'il recueillit un jour au cours d'une promenade dans les champs — m'emmène dans son joli jardin (qui ressemble bien plutôt à un parc), en me parlant de choses et autres.

Là, à travers quelques massifs savamment aménagés, ornés de plantes rares et de fleurs au parfum capiteux, il me fait apprécier toute une théorie d'arbres acclimatés sous le doux soleil de la Provence.

Arrivé devant un vieux et robuste figuier; il y
cueille prestement un fruit et me l'offre en disant :

— Goûtez-moi ça !

A peine avais-je exprimé les délices de mon
palais que mon illustre compagnon reprend avec
cette bonté qui est comme cristallisée en son âme :

— Après tout, pourquoi n'en emporteriez-vous
pas quelques douzaines à Paris ?

Joignant le geste à la parole, le maître à l'aide
de sa canne met à peine cinq minutes pour remplir de figues [1] le petit panier en osier qu'un serviteur a apporté sur sa demande.

Achevant notre promenade sous les fraîches
allées, où le soleil dessine sous nos pas mille ara-
besques d'or, Frédéric Mistral s'arrête soudain,
sous la voûte ombragée, puis prenant à la portée
de sa main une petite branche verte me la présente en disant :

— En l'honneur de votre sincère attachement
aux traditions de nos contrées et de votre profond
amour pour la sublime langue provençale, je vous
offre cette branche de laurier.

En le remerciant humblement, je lui dis qu'un
poète aussi modeste que moi ne pouvait tirer

---

1. Ces figues mangées à Paris, en un dîner auquel assistaient
de nombreux félibres, firent l'objet d'un bel article en langue
provençale, écrit par l'ami Baptiste Bonnet, qui était au nombre
des convives.

Plus tard, cet article, où il était question de moi, fut traduit
en français par le poète Fernand Hauser et parut dans *le
Figaro* avec la suppression du passage où mon nom figurait.

vanité des sentiments indestructibles que Dieu lui avait placés dans le cœur, mais que j'étais vivement touché de ce précieux témoignage d'estime, venant du plus grand parmi les grands poètes.

Emu de cet amical hommage et de tant d'attentions délicates, je manifestais l'intention de me retirer, quand le maître s'arrêtant et se plantant énergiquement me répond :

— Comment ?... Vous allez dîner avec moi. Vous me ferez plaisir...

J'eus beaucoup de mal à le convaincre qu'il me fallait retourner le soir même en Avignon, où j'avais pris rendez-vous avec l'aimable et talentueux poète Elzéar Jouveau.

Enfin, il consent à me laisser partir, mais par contre, il tient à m'accompagner jusqu'au Café Pascalon, bureau de la diligence qui doit me ramener tout à l'heure en l'ancienne cité des papes.

Comme le trajet n'est pas long, j'accepte en le remerciant d'avance de l'honneur qu'il veut bien me faire.

Et nous voilà, cheminant à petits pas, à travers le gracieux village de Maillane, dialoguant de philologie et de littérature.

Bientôt nous arrivons au susdit café, et en attendant la voiture, Frédéric Mistral me fait asseoir à son côté et commande une canette de bière. Nous trinquons à nouveau. Le maître me fait alors l'historique de la première représentation de son chef-d'œuvre *Mireille* ; il me raconte quelques incidents pittoresques de la mise en scène ; il m'explique ensuite la genèse de l'idée de son beau *Poème du Rhône*, et me parle en dernier lieu de Paul Arène, de Gounod, de Roumanille et d'Aubanel.

Mais voici que la trop rapide diligence arrive et s'arrête devant nous. C'est l'heure de partir... Je m'avance ; puis saluant le maître avec respect, et le remerciant encore une fois de son généreux accueil, j'allais grimper sur *l'impériale*, quand Mistral, d'un geste empressé, me prend les deux mains en disant :

— Bon voyage, et bon courage, mon brave !

Que la Provence, que dis-je ? que la France entière s'honorent d'aimer ce grand trouvère et de glorifier son génie !

XVI

Chez Henry Fouquier

**Rôle d'un critique. — Ses débuts littéraires. — A l'hôtel
du *Figaro*. — Conversation avec le maître. — L'éloge
de la poésie.**

La plupart des journalistes qui font de la critique dramatique sont, d'habitude, des écrivains
sérieux, mais très malins. Ils savent se tenir sur
une réserve stricte, où leur jugement est contraint
de ne point s'écarter du champ des fluctuations
possibles, entre un succès relatif ou un *demi-four*.

En sortant d'une *première*, lorsqu'ils se mettent
à écrire leurs impressions, il est toujours près
d'une heure du matin, et il faut qu'à deux heures
la copie soit à l'imprimerie ; c'est dire que l'homme
qui est chargé de la délicate mission d'éduquer
les foules, sur les prodiges ou les défaillances de
l'art théâtral, doit faire vite et bien, sans mécon-
tenter personne.

En effet, il est édifiant de se rendre compte de
la tâche ingrate qu'ils ont à remplir eu égard à
l'exigence des journaux et du public.

Sans hésitation, sans arrêt et sans retouche, ces

esclaves de la plume pondent impérieusement une prose hâtive et obligatoire. Ils ne peuvent pas exprimer exactement ce qu'ils pensent ; ils préfèrent attendre, s'en tenir à des généralités, afin d'être le lendemain dans le même courant d'idées et de jugement que leurs confrères.

Quelle humiliation, pour eux, s'ils allaient annoncer comme un *four*, une pièce qui peut-être, par la suite, aura un certain succès, s'ils allaient déclarer que tel auteur a un talent médiocre, alors que dans quelques années il peut parfois atteindre à la consécration de son génie, momentanément méconnu. Ils n'engagent donc pas leurs affirmations ; ils marquent le pas en une tactique savante et facile à la fois, qui ne peut en rien être compromettante.

Tout critique avisé vous dira d'une œuvre : « Cette pièce est bonne, quoiqu'il y ait telle situation ambiguë ou tel caractère trop faiblement dessiné ; l'auteur a accompli un effort d'art un peu hésitant, mais son genre plein d'originalité et son talent gros de promesses peuvent assurer par la suite une certaine vogue à la pièce. »

Aussi, les lettrés prudents ne se fient guère qu'aux rois de la critique dramatique, à ceux qui ont l'autorité et la sincérité nécessaires.

Comme Francisque Sarcey, Henry Fouquier était l'un de ces souverains qui laissent, même après leur mort, le vivant souvenir de leur valeur.

De bonne heure, de très sérieuses études secondaires avaient suffisamment préparé Fouquier au noviciat littéraire, auquel il se consacra corps et âme, dès son arrivée à Paris.

Ses patientes observations, ses longues relations avec les Phénix de l'école parnassienne, firent bientôt de lui l'un des journalistes les mieux informés sur les hommes et sur les idées. Comme *chroniqueur* parisien, il acquit une telle réputation que la plupart des journaux mondains se le disputaient, lorsque *le Figaro*, mettant tout le monde d'accord, s'appropria exclusivement sa signature, mais non ses divers pseudonymes qui alimentaient toujours les feuilles boulevardières.

Et c'est dans ce temple de la presse française, où l'étonnant Villemessant se plaisait à sacrer tant de célébrités, que nous eûmes la joie — moi et mon ami Jayet — de passer une heure avec Henry Fouquier.

Etant venu le voir pour lui offrir la présidence de l'un des banquets mensuels de *la Mandoline*, nous l'attendions depuis longtemps dans un salon et guettions sa sortie, lorsqu'il vint vers nous avec cette douceur et cette simplicité qui le caractérisaient tout entier.

A peine avions-nous expliqué le but de notre visite qu'il nous répondait aussitôt :

— C'est entendu, je présiderai avec plaisir votre banquet. Seulement voici, il faudra qu'à onze heures et demie, je vous quitte pour aller au théâtre de la Renaissance.

Puis le maître, se reposant à son aise sur un fauteuil, nous pria de prendre place auprès de lui et s'abandonna à une causerie intéressante.

— Il me plaît, dit-il, de me trouver à côté de deux jeunes poètes nés dans cette glorieuse ville de Nîmes, incendiée par le soleil méridional et fleurie de précieuses reliques romaines.

« Vous avez le goût, la passion même de la poésie et vous en donnez l'éclatante preuve en composant des vers qui ont le don, permettez-moi de vous le dire, d'attirer l'attention des lettrés. C'est parfait et je vous en félicite.

« Continuez à produire, mes chers amis ; soyez les dignes amants de la Muse ; courtisez-la avec amour et dévotion ; célébrez avec fidélité le sol natal, la nature et la vie. Oui, je ne saurais trop vous le répéter, la poésie, c'est la source originelle et féconde de nos joies et de nos espoirs. C'est elle qui fait déborder les cœurs et peuple les cerveaux de rêveries inépuisables, de chimères consolantes. Aux heures propices de douces inspirations, notre âme émue et recueillie grandit, s'élève au-dessus des choses matérielles d'ici-bas et nous vaut les félicités les plus pures.

« A un autre point de vue, j'ai constaté avec satisfaction que vos œuvres portaient l'estampille de la bonne école parnassienne. C'est au mieux.

« Voyez-vous, hors de là, point de salut, et je me demande comment des poètes dignes de ce nom, vénérant leur langue et leur art, peuvent s'orienter vers l'incompréhension manifeste de certaines tentatives littéraires.

« Les décadents, les symbolistes, les vers-libristes

hypnotisent tous ces barbares du rythme et de la rime. Leurs productions insipides qui semblent tout de même être écrites avec l'intention de nous révéler une musique charmeresse nouvelle, une sensation jusqu'alors inconnue, nous laissent absolument froids et nous produisent l'impression du grincement régulier d'une scie mécanique.

« J'ai l'espoir que d'ici quelques années la plupart de ces *innovateurs* de poésies incohérentes et mortes, tomberont d'eux-mêmes dans le néant de l'oubli éternel.

« Après Racine, Voltaire, Hugo, Lamartine et Musset, les folies inconcevables du décadentisme doivent sombrer logiquement dans l'indifférence et le mépris d'une époque si remarquable, où, quoi qu'on en dise, le bon sens littéraire et l'esthétique règnent souverainement.

« L'innovation en poésie n'engendrera jamais rien de bon. Elle est presque toujours la preuve patente d'une impuissance caractéristique. En tout art, il y a un fond traditionnel qui doit subsister en dépit de tout, et le jour où l'on prétend s'en affranchir, on s'éloigne fatalement de la beauté transcendante.

« Tout poète, qui s'insurge contre les traditions classiques en niant la lumière et l'harmonie, ne peut être digne de ce nom et ne mérite aucune attention sérieuse.

« Comme conclusion, je vous dirai que la poésie, la vraie poésie française qui a affronté depuis tant de siècles les assauts des vandales, n'est et ne sera toujours qu'un pur mélange d'émotion, de clarté et de flamme. »

Sous l'impression de ces saines paroles, nous manifestions l'intention de nous retirer, mais le maître lui-même devant sortir nous accompagna jusqu'aux grands boulevards, où il nous quitta en nous serrant amicalement la main.

Pauvre Fouquier ! que la mort a moissonné depuis, reçois les témoignages émus de deux humbles poètes, que tu honoras de tes conseils et de tes encouragements.

XVII

Chez Jean Aicard

Jean Aicard est un homme de lettres dont les œuvres ont été maintes fois sévèrement critiquées voire même attaquées avec une certaine violence. Est-ce à dire que ces critiques et ces attaques aient reposé sur des analyses méthodiques ou sur des jugements impartiaux ? Non. Le déluge de dénigrement et d'absurdités qu'on s'est plu à faire tomber sur sa tête et sur ses livres n'était que la résultante d'une opposition systématique et d'une malveillance contagieuse.

Que peut-on reprocher à cet écrivain ? Est-ce un pédant, un orgueilleux qui joue au pontife et qui a la prétention, par son œuvre respectable, d'éclipser la gloire d'un Lamartine, d'un Musset ou d'un Hugo ? Pas le moins du monde. Jean Aicard est un modeste et un sage, qui a cru avoir le droit, comme tous les autres littérateurs, d'écrire en paix, selon ses vues et ses conceptions, des

volumes de vers, des romans et des œuvres pour
le théâtre.

Quels sont encore les griefs que l'on fait à Aicard ? C'est d'avoir écrit des livres sur des sujets
qui avaient été déjà traités par d'autres. Mais
mon Dieu, ce crime, si on y réfléchissait bien, serait alors imputable à vingt, à cent auteurs que
l'on pourrait citer.

Pour ne parler que d'un sujet toujours vivant
et toujours sublime : *Jeanne d'Arc,* pourrait-on
jamais savoir le nombre d'écrivains français ou
étrangers qui ont narré, sous des nuances diverses,
la jeunesse, la vie et la mort de l'héroïne française?

Depuis les merveilleux miracles de vertus et
de patriotisme accomplis par la Pucelle d'Orléans,
connaît-on un penseur qui ait eu l'audace, un jour,
de revendiquer la propriété exclusive d'un sujet
éternellement nouveau ?

Personne jusqu'à présent n'a articulé cette prétention outrecuidante ; et c'est assez naturel. Donc
la conclusion logique de ce raisonnement sera
que manger, boire, dormir, et même *planter des
choux, c'est imiter quelqu'un.*

Après ce préambule que j'estimais nécessaire,
je reviendrai à ma mission, qui est de narrer l'une
des dernières visites que je fis au futur académicien.

Je connaissais depuis longtemps Jean Aicard
par ses livres pleins de verve et d'esprit, ces livres
qui ont le parfum capiteux des fleurs sauvages
de la radieuse Provence.

Un peu partout, j'avais lu et relu avec un charme pénétrant et un intérêt soutenu toutes ses poésies, véritables mosaïques de naïveté et de grâce, doux reflet d'une âme recueillie et sensible.

Électrisé, grisé, comme un cœur simple que je suis, par la lecture saine et réconfortante de ses œuvres, qui apportaient en mon être une foi poétique plus pure et plus vivace, je me risquais à aller frapper à sa porte lorsqu'il habitait encore rue Michelet.

J'y allais d'autant plus volontiers que je savais par avance qu'il était très bon et fort accueillant pour les jeunes poètes.

A mon apparition, le maître vient vers moi souriant et avec une simplicité digne de son talent il me dit :

— Vous êtes monsieur Michel Pons; on m'a beaucoup parlé de vous, et puis je connais vos œuvres poétiques qui ne manquent pas de valeur. Je sais aussi que vous avez groupé toute une pléiade de jeunes écrivains autour d'une charmante revue littéraire que vous dirigez ici à Paris. On m'a dit encore que vous étiez homme d'équipe dans une compagnie de chemins de fer. Bon, bon, c'est parfait, restez-y ; cela vous fait grand honneur. Voyez-vous, les jeunes poètes, ne vous jetez jamais sans emploi sur le pavé de la capitale pour faire de la littérature avec l'idée d'en vivre. Cela est une pure folie. D'un côté ou d'un autre, assurez-vous d'abord le pain quotidien, et lorsque vous aurez la vie assurée, à vos loisirs, donnez alors libre cours à vos facultés intellectuelles et à votre verve poétique.

« A Paris, ce foyer de luttes et de misères, comment voulez-vous qu'un débutant des lettres puisse arriver à se produire, à se révéler s'il n'a pas tout d'abord la certitude d'être préservé de la faim ? Vous le savez, du reste, dans la littérature, le succès est dur et pénible pour les jeunes et les inconnus. Et cela est bien triste à constater, car à dire vrai, la jeunesse actuelle nous offre de beaux échantillons littéraires, sur lesquels nous fondons de grands espoirs. En définitive, il faudrait donc que les essais souvent remarquables, et quelquefois audacieux des jeunes auteurs, soient favorisés le plus possible sous mille formes d'encouragements, que l'on peut créer ou instituer à cet effet. »

Sur ces réflexions judicieuses, que j'approuvais pleinement, le maître s'arrêta quelques secondes, puis se jouant d'un coupe-papier qui était à la portée de sa main, il reprit :

— Quant à vous, mon cher monsieur, je ne saurais trop vous le rappeler, ne quittez jamais votre emploi, votre gagne-pain pour vous risquer dans l'arène littéraire. A vos heures propices, faites de la littérature tant que vous voudrez, mais au moins assurez-vous *la pitance* et n'abandonnez pas votre travail manuel avec l'espoir de tirer un profit immédiat de vos œuvres intellectuelles, si méritantes qu'elles puissent être. D'ailleurs, lorsqu'on a réellement du talent, l'on peut parfois trouver une occasion favorable de le faire connaître, et il est par conséquent dangereux de s'offrir en pâture aux cruelles angoisses et aux pires misères, qu'engendre la perspective d'un succès que l'on doit toujours considérer comme problématique.

« Puisque, avec votre revue littéraire *la Mandoline*, vous êtes en contact permanent avec tant de jeunes poètes, conseillez-les bien et ne manquez pas de leur dire tout cela. »

Après ces encourageantes paroles, prononcées sur un ton paternel, Jean Aicard me parle de Nîmes, où il fit une partie de ses études, des villes de sa belle Provence qu'il adore, d'Avignon, d'Arles, de Marseille et de Toulon. Il me parle aussi de ses voyages en Suisse, en Hollande et en Angleterre. Il m'énumère ensuite les principaux écrivains qu'il a connus et fréquentés, mais il s'arrête plus spécialement sur Sully-Prudhomme avec lequel il fut toujours lié intimement.

Manifestant l'intention de me retirer, Jean Aicard me retient encore quelques instants et me promène dans son cabinet de travail, pour me faire admirer les belles œuvres d'art qui y trônent. Je remarque en passant un superbe portrait du maître, signé Gallian ; un beau tableau sur lequel sont peints sous un charme naturel ses deux fidèles chiens de chasse. Plus loin, c'est une magnifique toile de Courdouan qui fait le digne pendant d'une ravissante *Vue générale de Marseille*, par

Olive. Voici maintenant la belle figure d'Emile Augier, des jolis paysages des bords de la mer et des sites merveilleux de la *Côte d'Azur*. Puis viennent d'autres toiles représentant des coins pittoresques de la Camargue et des environs de La Seyne et de Toulon. Après, c'est un deuxième portrait du maître, par Régamey, portrait non moins ressemblant que le premier, faisant bonne figure dans son riche cadre, qu'éclaire un jour favorable. Et tout cela ajouté aux attraits de nombreux objets précieux, aux mille bibelots rares, aux vieilles reliques de famille qu'il garde pieusement, forme bien le splendide décor au milieu duquel un profond rêveur comme lui peut donner libre essor à son inspiration et à sa muse poétique.

Lorsque je quitte le maître, en le remerciant de son amical accueil, Jean Aicard, dont la douceur et la bonté se lisent sur sa face de Christ, me reprend et dit en inclinant sa belle tête pâle :

— Non, ne me remerciez pas, c'est moi qui vous remercie de votre visite. J'aime tant les jeunes poètes !

XVIII

Chez Armand Silvestre

L'écrivain latin. — Une lettre du maître. — Ses appréciations sur les jeunes. — Salut à Mistral. — L'influence de la femme sur l'homme.

J'aimais Armand Silvestre. Je l'aimais non pas tant pour ses contes savamment épicés qu'il publiait dans *l'Écho de Paris*, dans *le Journal* et ailleurs..., je l'aimais surtout pour ses belles et pures poésies qu'il avait le secret d'écrire.

A l'encontre de tant d'autres écrivains, Armand Silvestre n'a jamais eu comme eux ce dédain travesti, ce mépris adroitement déguisé pour les jeunes et les inconnus de la littérature. Au contraire, connaissant lui-même les difficultés sans nombre et les longs efforts des débuts, il savait se montrer accueillant et bon pour les néophytes des lettres françaises.

Adorant ses vers pénétrants et magiques, desquels se dégageait toute une musique ensorceleuse, je me permis à l'apparition d'un de mes recueils poétiques de lui en faire parvenir un exemplaire.

Quelques jours après, Armand Silvestre, dont l'attention pour moi était des plus touchantes, m'en accusait réception par cet aimable billet :

« Cher Confrère,

« Vos vers limpides et sonores m'ont beaucoup charmé. Je vous félicite et vous remercie. C'est bien là l'œuvre digne d'un poète méridional.

« Recevez mes confraternelles salutations.

ARMAND SILVESTRE. »

Fier de cette lettre, je cherchais dans la suite une occasion de le rencontrer. Plus tard, comme cette occasion ne se produisait pas, je me décidais à l'aller voir ; ce qui me coûta, du reste, de nombreuses démarches. Enfin, lorsque je pus arriver auprès de lui, je vis bientôt que cet illustre Toulousain, doublé d'un Gascon authentique, était sans conteste le plus charmant et le plus spirituel des hommes.

Assis à mon côté, dans une pose aisée et sympathique, il se laissa aller de bonne grâce à la causerie :

— La visite d'un poète, me dit-il, a toujours eu le don de me plaire et de me réjouir. D'abord je dois vous dire que tout poète porte en lui un monde d'illusions, et est, pour moi une boîte à surprises ; c'est vous dire que j'aime beaucoup à l'initier et à connaître les aspirations et les rêves de ces pauvres et dévoués porte-lyres.

Vous connaissez le dicton populaire : *Chaque paysan cultive sa terre à sa façon*, il en est de même pour la muse, tout poète la courtise à sa guise et selon son état d'âme. Alors j'en reviens à vous dire que c'est cette divergence d'idées, de rythmes et de sentiment que l'on remarque dans tous les essais poétiques, qui font que je m'intéresse particulièrement aux jeunes poètes, produisant, il faut l'avouer, des œuvres originales et délicieuses. Et cela, sans cependant approuver les tendances extravagantes et révolutionnaires des écoles décadentes et symbolistes, qui finiront, je le présume, par se moderniser en subissant diverses évolutions par quoi elles reviendront aux éternelles règles classiques ».

Questionnant le joyeux auteur des *Contes Grassouillets* sur la renaissance de la langue d'Oc et de Provence, Armand Silvestre me répond :

— Je dois vous avouer que j'ai un culte fervent pour les félibres, ces bardes méridionaux, qui chantent avec tant de charme, en leur langue harmonieuse, la fécondité de leur sol et la gloire de leur soleil.

« Parmi ces amants enflammés de cette langue sacrée de nos pères, il en est un au-dessus de tous dont, j'ose le dire, j'admire et j'adore les nobles accents et le pur génie, je veux parler du grand poète provençal Frédéric Mistral. Son œuvre merveilleuse et si féconde restera à jamais vivante ; elle survivra comme le symbole des linguistes, comme la conception idéale des vrais fils de cette étonnante race gréco-latine. Car Mistral, disons-le, est appelé à occuper dans la littérature provençale la même place qu'occupe Victor Hugo dans la littérature française. »

Louant le maître de ses nobles appréciations sur le génial auteur de *Mireille*, je lui demandais maintenant s'il croyait, ainsi que l'ont dit tant de poètes, que la femme soit la grande prêtresse et ait été toujours la plus puissante source de l'inspiration et de la poésie.

— Mais cela est incontestable, me répond l'auteur des *Sonnets Païens*, la femme, c'est l'immortelle déesse de notre vie. C'est elle qui règne souverainement sur notre cerveau et sur notre cœur. C'est elle, dis-je, la grande dominatrice de notre volonté et de nos actions ; elle agit sur toutes nos facultés par une puissance magnétique ou plutôt par un hypnotisme mystérieux, et c'est ainsi que pour l'éternité nous devenons l'esclave de ses fantaisies, la proie de ses caprices. Il est manifeste que l'homme doit s'estimer heureux et plus encore s'enorgueillir d'être la victime immolée de la grâce troublante et de la beauté ensorceleuse des filles d'Ève. Nous n'existons pas par nous-mêmes, nous ne vivons et n'agissons sur terre qu'en vertu d'un pouvoir occulte que la femme exerce sur notre intelligence et nos destinées.

« L'homme dépend de la femme comme le fruit dépend de l'arbre, comme la plante dépend du soleil. Sa voix le charme, son contact le stimule,

son regard l'enivre. Et c'est là ce qui démontre que
le poète devient, par une force très naturelle, le
jouet de la prépondérance féminine et subit agréa-
blement le contre-coup de sa suprême influence
jusque dans ses rêves et dans son inspiration.

« Pour synthétiser mon idée, je risquerai une
métaphore : je dirais que la femme est le sublime
démon qui tente éternellement notre corps et
incendie notre intelligence. Voilà pourquoi je
me permettrai de blâmer Alfred de Musset *d'avoir
blasphémé un amour qui fut la gloire de sa vie
et peut-être le secret de son génie.* »

Sous la profonde impression de ces paroles, je
quittais le maître, en le remerciant d'avoir dai-
gné accorder quelques instants d'entretien à un
aussi modeste poète que moi.

Longtemps après ma visite, la mort emportait
soudainement ce puissant cerveau, ce grand poète
dont le souvenir et l'œuvre demeurent impérissables.

La Gascogne, fière du génie de ses enfants, a
su, depuis, honorer la mémoire d'Armand Silvestre en immortalisant dans le bronze sa belle
effigie latine.

XIX

Chez Édouard Drumont

Le lettré et l'observateur. — A *la Libre Parole*. — L'é-
loge de l'œuvre de son ami Daudet. — L'avenir de la
littérature.

Tous ceux qui ne sont aveuglés par aucun parti
pris, se trouvent dans l'obligation de constater
que Drumont est l'un des plus grands philosophes
de notre époque. Ses idées peuvent ne pas être
partagées de tout le monde, mais ce qu'on est
forcé de reconnaître en lui, c'est qu'il est un érudit, un fin écrivain, doublé d'un puissant observateur.

Les événements politiques ont en lui le pro-
phète par excellence et les lettres françaises,
l'artiste le plus délicat.

Mon Vieux Paris est un livre poétique et
sentimental que l'on ne peut s'empêcher de lire
et de relire, car la noblesse, la grandeur et parfois même la naïveté voulue de ses récits et de
ses tableaux charment, émotionnent et troublent
au plus haut point l'esprit du lecteur.

Drumont est un sublime ouvrier de notre lan—

gue, qui sait magistralement traiter toutes les
questions, et les rend d'autant plus intéressantes
qu'il appuie son raisonnement sur d'indiscutables
preuves historiques et documentaires.

Ses articles, ou plutôt ses études sur les hommes et les choses de la vie contemporaine sont
de précieux matériaux que l'on doit découper et
conserver avec soin sur le meilleur rayon de la
bibliothèque.

A l'avenir, tous ceux qui auront l'intention de
décrire cette époque tourmentée et sanglante de
la vie nationale qui comprend ce dernier quart de
siècle, seront forcés d'avoir recours à son œuvre
lumineuse, véritable encyclopédie de bon sens et
de logique.

Mais pour bien connaître l'éminent directeur
de *la Libre Parole*, il faut s'en approcher. Il faut
le voir attelé à l'absorbante besogne quotidienne
du journalisme, entouré de tous ses vaillants collaborateurs, qui le chérissent et l'aiment, non
comme un *patron*, mais comme un *père*.

Lorsqu'on l'a vu dans ce digne milieu qu'il af-
fectionne et qui lui convient, on est apte à porter
un jugement sincère sur l'homme bon et charmant qu'il est dans l'intimité.

Tout d'abord, Drumont produit une impression
profondément agréable. Sous de fines lunettes,
le regard apparaît franc et sympathique. Sa figure
ouverte et expressive est encadrée d'une che-
velure abondante qui le flatte beaucoup. Doué
d'une grande taille, il produirait sur le visiteur

qui ne l'a jamais vu, une impression étrange, si l'ensemble de sa physionomie n'exprimait la douceur, et si sa parole n'était aussi câline que rassurante.

C'est boulevard Montmartre, dans le local même de son journal, qu'il me fut permis d'être admis auprès de lui, grâce à un mot de recommandation de son secrétaire de rédaction : Gaston Méry.

Je pénètre dans le bureau particulier du maître vers les sept heures du soir, au moment où tous ses collaborateurs sont à l'affût des informations et des nouvelles sensationnelles. A ma vue, le grand écrivain quitte sa table de travail, vient vers moi et me met à l'aise par quelques mots aimables.

J'expose alors au célèbre auteur de *la France Juive* et de *la Fin d'un Monde* le but de ma visite, qui est de lui demander quelques pensées pour l'album d'autographes que je destine à Alphonse Daudet.

Au nom de Daudet, Édouard Drumont eut une exclamation de joie significative qui prouvait qu'il avait une profonde affection pour l'illustre père le *Tartarin* et une admiration sincère pour son œuvre, faite de poésie délicieuse et de subtile ironie. Puis, en réponse à mes paroles, il me dit ces mots.

— Il y a quelques années, je ne vous cacherai pas, monsieur, qu'un léger nuage est venu assombrir *le ciel* de nos relations amicales, mais cela est si loin dans ma mémoire que je suis heureux de profiter de la douce occasion que vous m'offrez aujourd'hui, pour dire à Daudet combien je regrette et veux oublier le malentendu existant entre nous.

Et le mattre écrit sur l'album que je place devant lui les belles pensées qu'on lira plus loin dans un chapitre spécial.

Continuant la conversation, Édouard Drumont me déclare encore :

— Daudet représente plus que l'esprit méridional, il personnifie dans toute sa force et sa beauté le génie latin de nos glorieux ancêtres. La pureté de sa langue, le coloris de ses images, la finesse de son ironie, la simplicité et l'élévation de ses sentiments, marquent une étape mémorable dans la littérature française. Je crois fermement, que, par son œuvre originale et personnelle, il a apporté une note absolument nouvelle dans l'harmonie des lettres contemporaines.

« Prenez n'importe lequel de ses livres, tous se distinguent par des charmes particuliers et des mérites inappréciables. Je le dis sans crainte : Alphonse Daudet est, et restera à jamais, l'une des gloires littéraires de la France.

« Son fils, Léon Daudet, que j'ai connu tout jeune et que par la suite j'ai vu grandir à côté de moi sera aussi un bon forgeron de notre langue. Comme son père, il aura ce don de pénétration et d'observation qui fait la renommée et le succès des écrivains de race. Du reste, par la lecture de ses livres magistralement écrits, il est facile de se

convaincre que cet élégant *constructeur* de phrases à emporte-pièce, ferait son chemin dans les
lettres et même dans la politique, si jamais il lui
en prenait envie. »

Comme il s'arrêtait un instant pour parcourir
une dépêche qu'un garçon de bureau venait de lui
présenter, j'en profitais pour demander au maître
ce qu'il pensait de la jeunesse littéraire actuelle.

— A mon avis, me dit-il, jamais en France le
mouvement littéraire n'avait été si ardent qu'à
l'heure présente. Jamais nous n'avons compté autant de poètes et de prosateurs qu'aujourd'hui. De
toutes parts, de nouvelles écoles se fondent, des
rythmes nouveaux se créent, de curieuses œuvres
décadentes surgissent, attestant, mais ne réalisant
pas la bonne intention. Sans mépriser aucune des
formes poétiques qui journellement naissent dans
telle ou telle revue, je crois fort et je reste persuadé que la forme classique ou romantique de
nos meilleurs auteurs restera comme le proto-
type de notre belle littérature française. »

Et remerciant le maître de son bon accueil, je
me retirais avec une douce émotion, et en pensant combien ce grand philosophe gagnait à être
connu, comme homme du monde et comme homme
de lettres.

XX

Chez Henry Houssaye

Comme je savais que mon ami et collaborateur, le délicat poète Alfred Migrenne, était un compatriote d'Henry Houssaye, quelques jours avant la visite que je me proposais de faire à l'éminent académicien, je l'informais de mon projet.

M. Migrenne, dont le dévouement pour ma revue littéraire et l'amitié pour moi étaient inaltérables et sincères, m'écrivait peu après une intéressante lettre dans laquelle il se plaisait à me narrer avec un charme particulier les douces heures de son enfance durant lesquelles il avait souventes fois pris ses ébats avec ce *camarade*, qui plus tard devait devenir un grand écrivain.

Voici cette page qui mérite d'être citée :

« Durant les vacances, m'écrit-il, malgré que le jeune Henry Houssaye fût constamment sous l'aile protectrice de sa bonne grand'mère, de temps en temps, l'enfant s'échappait de la maison et venait se mêler à nos jeux rustiques auxquels il prenait grand plaisir. Cela le reposait de ses thèmes grecs et latins.

« Il ne dédaignait même pas de jeter des pierres dans les pommiers d'autrui et d'en ramasser le fruit. Je me souviens qu'un jour, on nous surprit dans cette attitude, et le propriétaire, un pauvre vieux, survint et se fâcha tout rouge ; mais en voyant le fils du *poète* — comme on appelait son père Arsène Houssaye — il se rasséréna, nous menaçant seulement d'en informer nos parents.

« — Ne faites pas cela, dit Henry en jetant un regard de pitié sur nous.

« Et il sortit de sa poche une pièce qu'il donna au vieux pour le dédommager. Nous étions sauvés !

« Je le vois encore chez le père Mailfert, son aïeul maternel, au milieu de la cour, où picoraient les poules, je le vois armé d'un arc, lançant des flèches sur les pauvres volatiles et rire en se tordant quand l'un d'eux atteint et blessé ouvrait ses ailes et prenait son vol par-dessus les murs, en gloussant d'une façon pitoyable.

« Faut-il encore vous rappeler qu'un jeudi je me trouvais avec un camarade sur la montagne, vers ce coin pittoresque d'où s'élevait le tic tac des moulins à vent, lorsque d'un pli du terrain sortirent un homme et un enfant. L'homme chassait et l'enfant l'accompagnait. L'homme c'était Arsène Houssaye et l'enfant c'était Henry.

« Le camarade avec lequel je me trouvais était de la famille des Houssaye du côté des Mailfert et s'appelait Alexandre. L'auteur de *Béranger à l'Académie* le reconnut.

« Tiens, dit-il à Henry, en désignant Alexandre, voilà un de tes petits cousins, embrasse-le.

« Hélas ! c'est peut-être la seule fois que l'auteur de *Waterloo* ait embrassé son cousin, car Alexandre était sourdement miné par une maladie de poitrine et il est mort deux ans après.

« Je n'ai plus revu Henry Houssaye dans la suite, mais je me suis toujours souvenu de lui, surtout en lisant ses beaux livres et aussi en allant à son château de *Parisis,* chez son père où plus tard j'eus la bonne fortune d'être admis.

« Depuis il a fait son chemin, et le flot humain qu'il traverse a pu lui faire oublier l'essaim que composaient ses petits camarades de Bruyères.

« Peut-être lui serait-il doux d'entendre l'un d'eux lui rappeler ses gamineries de l'âge envolé ? »

Après cette lettre un peu longue, que j'ai cru utile de signaler ici, je reviendrai à ma visite à Henry Houssaye.

A l'heure où je me présentais, le maître était absent, et j'ai dû revenir un peu plus tard pour le rencontrer.

A mon retour, je suis de suite introduit, et l'auteur de la *Bataille de Paris* me reçoit avec mille grâces, dans son cabinet de travail.

En quelques mots, je lui dis le but de ma démarche et la raison pour laquelle je voulais offrir un album d'autographes à mon illustre compatriote Alphonse Daudet.

Et Henry Houssaye de me répondre :

— Mais de grand cœur j'écrirai quelques lignes sur votre album. Je le ferai d'autant plus volontiers que j'aime Daudet et admire son œuvre ; et qu'enfin tout ce qui vient des jeunes auteurs, des jeunes poètes comme vous, me produit une *douce* impression. Les jeunes poètes sont pareils à des jeunes filles ; ils ne vivent que d'illusions et de rêveries. Aussi, doit-on les louer dans leurs folles ivresses pour l'art et la beauté de notre immortelle langue.

« Combien n'en ai-je pas vu de ces pauvres rêveurs malheureux comme les pierres, mais obstinés quand même à poursuivre la bataille littéraire, et n'ayant recours pour vivre qu'à des expédients ! Eh bien, j'ai fait cette remarque particulière, que tous ces amoureux de la muse supportaient avec un admirable courage leurs jours d'angoisses et de misères.

« D'ailleurs, parmi les écrivains *arrivés*, beaucoup ont passé par là, et ont mangé avantageusement de la *vache enragée*. J'en conclus donc que les hommes de lettres ayant lutté, trimé et souffert dans leur début, ne sont pas plus mauvais pour cela ; au contraire, je crois que *l'école* du malheur et de la souffrance donne un enseignement et une morale qui ne peuvent qu'être utiles à la plume et à l'âme d'un littérateur.

« Voyez Daudet, au sujet de qui vous venez me

voir, voyez Zola, Coppée, Richepin et tant d'autres. Tous, avec une résignation sublime et une volonté de *fer*, ont bravé les cruautés du sort et les instants douloureux de leur existence aventureuse. »

S'interrompant, Henry Houssaye qui s'était animé un instant en prononçant ces dernières paroles avec une certaine vigueur, adoucissait maintenant la voix et, prenant une des plumes d'oie, dont il se sert habituellement, écrivait sur l'album que j'avais placé sur sa table, quelques lignes sympathiques pour Daudet et son œuvre [1].

Remerciant le maître de l'empressement qu'il avait mis à collaborer à mon livre d'autographes, j'arrivais incidemment à lui parler de son camarade d'enfance, mon ami Alfred Migrenne, et de la jolie lettre qu'il m'avait envoyée quelques jours avant ma visite.

— Oui, me dit-il, je me souviens encore de la bonne camaraderie qui nous liait ensemble, lorsque nous prenions nos ébats de jeunesse dans les champs ensoleillés de bruyères. Mais comme cela est loin !... En tout cas, croyez que je ne l'oublie pas. Alfred Migrenne, mon brave compatriote, est un excellent poète doublé d'un sage ; la poésie ne lui a pas troublé la tête, et malgré tout son talent, il a su rester fidèle à sa terre natale comme à sa muse. »

---

1. Ces lignes, on les trouvera plus loin dans un chapitre consacré à cet album.

En me retirant doucement, je remarquai sur les murs de son cabinet, entre un singe empaillé qui semblait narguer les visiteurs et une panoplie des plus attrayantes, une croix d'honneur. Je dis alors au maître, qui m'accompagnait :

— C'est là la croix de votre père ?

— Cette croix est de moi, en 1870, reprit vivement Henry Houssaye, avec un accent de fierté bien légitime.

Je le quittais sur ces mots.

XXI

Chez Jules Troubat

L'ancien secrétaire de Sainte-Beuve. — Confession d'un lettré. — Curieuses étapes de sa vie. — Amour et reconnaissance pour son maître. — Intéressants souvenirs.

Jules Troubat roule vers la septantaine, et cependant à le voir toujours alerte et toujours souriant, volontiers on daterait son acte de naissance de dix années plus tard, car chez lui l'esprit demeure jeune et ses bons mots, ses reparties savoureuses le prouvent éloquemment.

La franchise, la bonté, la grâce même sont ses qualités maîtresses et se lisent sur sa vénérable figure de patriarche des lettres.

En toute évidence, on comprend la maîtresse raison, qui avait poussé Sainte-Beuve à faire de cet homme, doué d'un si grand talent, son secrétaire et le témoin de sa vie.

Cet entretien d'un ami qui a l'habitude de vous recevoir fréquemment semble singulier, tout d'abord, mais lorsqu'on sait que c'est pour bien caractériser la sympathie que l'on a pour lui, rien en somme ne paraît plus sincère et plus logique.

Jules Troubat demeure rue de Rennes, en face de la gare Montparnasse.

Il a pu voir ainsi ce spectacle inoubliable d'une locomotive qui se jette par la fenêtre ; cela ne se voit pas tous les jours. Il n'a jamais voulu quitter ce quartier qui le rapproche de la rue Montparnasse, où la maison de Sainte-Beuve qui s'y trouve, porte une plaque commémorative. Mon aimable collaborateur de *la Mandoline* est tous les jours, de dix heures du matin à quatre heures du soir, à la Bibliothèque nationale où il remplit les fonctions de bibliothécaire. Le temps qui lui reste est consacré à la littérature. Il y a quelques années, il fit une conférence au *Cercle Populaire*, sous la présidence de M. Eugène Ledrain, le distingué écrivain de la grande presse parisienne. Il a parlé pendant deux heures sur son célèbre Maître et cela sans fatiguer l'auditoire, ce qui prouve qu'il y a encore en France un public pour s'intéresser à la littérature, car Jules Troubat n'a abordé aucun autre sujet dans sa conférence, qui forme une brochure très substantielle

Mais il faut que je retrace, aussi fidèlement que possible, l'entretien amical que j'ai eu avec lui.

— Je suis né à Montpellier, me dit Jules Troubat, il y a déjà longtemps, en 1836, je suis venu à Paris en 1858 et je ne l'ai quitté qu'en 1879 pour aller à Compiègne où j'ai vécu treize ans. Le *Félibrige* m'a rendu ma patrie et je m'y retrouve à Montpellier, tous les mercredis au *Café Voltaire*, sans quoi j'avais fini par ne plus savoir au juste si j'étais de Montpellier, de Paris ou de Compiègne !

— Mais parlez-moi de Sainte-Beuve, dis-je à mon illustre collaborateur et ami ?

— De Sainte-Beuve ou de Champfleury. Je fus le *rapin* du second avant de devenir le secrétaire du premier, et c'est Champfleury qui me donna à Sainte-Beuve en 1861. Il ne croyait pas si bien faire pour mon avenir... Tenez, entre nous, quand j'entends crier contre Paris, je me demande ce que j'aurais fait dans ma ville natale où je me trouvais et où l'on ne me trouvait propre à rien...

J'arrive à Paris par un coup de tête à vingt-deux ans, je fais la connaissance de l'auteur des *Bourgeois de Molinchart* chez mon pauvre ami Soulas, de Montpellier, qui écrivait dans *le Figaro*. Champfleury me prend en amitié, s'intéresse à moi, me fait travailler, écrire dans *l'Artiste*. En 1861, je deviens le secrétaire de Sainte-Beuve et cela marcha très bien par la suite. Je vous prie de croire, mon cher Pons, quoi qu'on en dise, qu'on ne trouve nulle part plus de facilités qu'à Paris quand on veut travailler et qu'on ne veut pas *tou conquérir.*

— Et ce buste qui me fait face semble être un des vôtres ? demandais-je à l'éminent écrivain.

— Ce buste est celui de mon fils aîné, mort d'un accès pernicieux à Stung-Treng sur le Mékong. Il était sous-officier aux tirailleurs annamites. Il est mort il y a trois ans. Ses lettres dont je fis un volume parurent en partie dans *la Revue Bleue...*

C'est vous dire si elles étaient intéressantes. Il promettait beaucoup et il était parti plein de santé. Le *Minotaure colonial* l'a dévoré. C'est votre compatriote Albert Riffard de Nîmes qui a fait son buste exposé l'an dernier au Salon des Champs-Elysées.

— Mais vous avez un autre fils, lui fis-je remarquer.

— Oui, me répondit-il, le *Félibrige* de Paris l'a nommé naguère son secrétaire et quoique natif de Paris, il s'acquitte de cette tâche en véritable félibre. Il a pour secrétaire M. Marignan, de Gallargues, qui a prononcé son discours de réception le mois dernier, en languedocien... de Montpellier.

— Et le buste de Sainte-Beuve, demandais-je encore à Jules Troubat, va-t-il bientôt être érigé?

— Il le sera prochainement dans le jardin du Luxembourg. Il est l'œuvre du sculpteur Denys Puech, encore un Méridional aveyronnais, compatriote de Mlle Calvé, la *Sapho* de l'Opéra-Comique. Le piédestal est de M. Mouré, un jeune élève de l'école des *Beaux-Arts* où il a eu pour maître M. Scellier de Gisors, architecte du Palais du Luxembourg. Le sculpteur et l'artiste ont travaillé l'un et l'autre pour la gloire, car nous n'avions pas beaucoup d'argent à leur donner. La qualité des souscripteurs a remplacé la quantité. Il y a déjà vingt-huit ans que Sainte-Beuve est mort et la plupart de ses amis sont morts également. Ceux qui restent ont souscrit, les profes-

seurs surtout ont donné ; ils se sont montrés re-
connaissants.

C'est François Coppée, continue le vice-président du *Félibrige*, qui a émis le premier l'idée
d'élever un buste à Joseph Delorme dans ce jardin de poètes, le Dr Cabanès a été le promoteur
du Comité et moi le trésorier. Je puis donc vous
dire en secret le chiffre de la souscription qui est
de sept mille francs. Avec cela, vous le voyez,
on fait de grandes choses quand on a affaire à
des artistes d'élite et de grand avenir, n'en doutez pas.

— Mais ce buste ne saurait être le « terme » de
votre existence et vous n'allez pas, je pense, chanter votre *Solve senescentem* littéraire.

— Mon Dieu ! j'ai gardé un pied-à-terre qui
suffit à mon repos et à celui de ma femme, pendant les mois d'août et de septembre, à Rethon-
des, près Compiègne, au bord de l'Aisne, une
rivière qui a plus de poissons que d'eau. J'y par-
tagerai mon séjour le plus que je pourrai, sauf
à revenir tous les jours à la Bibliothèque et à
m'en retourner le soir. La littérature, telle que je
l'ai apprise, trouve encore des auditeurs. Impossible de trouver un éditeur pour un livre sur
Champfleury avec lequel j'ai vécu trente ans. J'ai
travaillé trois ans à l'écrire et il me reste en carton. C'est décourageant, cela s'appelle le *Nunc di-
mittis*. J'ai gardé une *Chronique parisienne* où je
dis mon secret toutes les semaines ou toutes les
quinzaines, selon les saisons, dans *la Province*

artistique, reproduite par *le Cosmopolis*, deux journaux publiés par M. Antony Réal fils, neveu de Sextius Michel, notre président du *Félibrige*. Mon fils fera un jour un recueil posthume de mes chroniques où je mets tout ce qui me passe par la tête et qui seront mes mémoires car je suis très *anecdotier*.

« Vous me faites beaucoup d'honneur, conclut le célèbre secrétaire de Sainte-Beuve, de vous occuper de ma modeste personne dans votre revue *la Mandoline*, et je vous en suis bien reconnaissant à vous, et à votre ami Jayet. Nous sommes quasi-compatriotes, au moins voisins, puisque M. Jayet et vous, Michel Pons, êtes de Nîmes. »

Ce qu'on remarque le plus dans la maison de Jules Troubat, ce sont les portraits de Sainte-Beuve qui forment à eux seuls par leur variété et leur nombre un petit musée. Et comme je contemplais cette galerie intéressante et curieuse en me retirant, mon illustre ami me dit en mettant sa main sympathique dans la mienne :

— Je suis de la religion de mon Maître, — de la Religion des Lettres.

XXII

Chez Alphonse Daudet

Un fils de la race latine. — Le pur artiste des lettres. —
Son esprit et sa bonté. — Une recommandation pas inutile. — Hommage de sa ville natale.

Il est peu d'écrivains comme Daudet, qui aient
été dignes à tous égards de l'admiration universelle.

Son œuvre puissante et honnête a eu le rayonnement mondial qu'elle méritait.

L'influence supérieure qu'il exerça sur les lettres françaises, il l'a due surtout à son cerveau
fécond et à son origine privilégiée, dont il savait
tirer profit. En effet, fils de cette noble race latine d'où sortirent les premiers grands aèdes de
la terre, cet homme calme, souriant et bon, devait
accomplir des prodiges dans le domaine de l'intelligence.

Ses débuts furent pénibles et durs, ainsi qu'il
le raconte lui-même dans *Trente ans de Paris*,
mais le succès ne tarda pas à venir et son réel
talent lui donna bientôt la consécration à laquelle
il avait droit.

Car on doit le proclamer hautement, ses beaux livres, pareils à de précieux bréviaires de morale, d'esprit et de poésie, charment et charmeront toujours les générations successives.

Depuis plusieurs siècles, sauf Mistral, aucun écrivain mieux que lui ne pénétra, n'analysa, ne fixa le caractère méridional avec tant de relief et de naturel. Son style est une merveille d'élégance, de pureté et de coloration.

Nulle autre plume que la sienne ne rendit notre vieille langue française plus souple, plus vivante et plus harmonieuse.

Doué de ce sublime doigté d'artiste qui divinise un être humain, Daudet par cette vision juste qu'il avait de la beauté s'éleva avec la modestie d'un sage jusqu'au génie.

Quelle antithèse monstrueuse peut-on faire entre son ascension dans les lettres et celle de son ami Emile Zola! Tandis que le chef du naturalisme éclaboussait les foules de son orgueil démesuré et bouleversait les cerveaux et les consciences avec sa littérature réaliste et cruelle, l'immortel auteur de *l'Arlésienne*, tel un Virgile moderne, charmait l'âme française et se tressait modestement une couronne de gloire en écrivant de gracieux récits idylliques et de divines pastorales provençales.

Une seule fois dans ma vie, j'ai eu le bonheur de causer quelques instants avec lui, et tout de suite, je fus charmé et ému de sa bonne grâce et de son grand cœur.

Je le revois toujours dans son cabinet, travaillant derrière cette immense table en chêne clair, que dominait sa noble tête romantique, éclairée par la flamme de ses yeux doux et rieurs. Tout dans ses gestes vifs, dans sa voix musicale, dans son imagination large, chaude et vagabonde, dans son âme amoureuse et vibrante de beauté latine, tout, dis-je, révélait chez lui le pur artiste des lettres, le maître des maîtres de l'esprit le plus français.

Dès que je me trouvai auprès de lui, je fus rassuré par la façon simple et affectueuse dont il m'accueillit.

A peine avais-je esquissé quelques salutations liminaires, que gentiment il me fit asseoir et écouta avec attention ces paroles prosaïques, qui lui expliquaient le but de ma visite :

— Je suis un Méridional exilé dans les brouillards de la capitale, et qui ose venir demander à son illustre compatriote une amélioration de son sort.

Depuis huit ans je suis homme d'équipe au P.-L.-M. J'ai de bonnes notes de mes chefs et je travaille régulièrement une semaine de jour et une semaine de nuit. Ces changements successifs de régime dans mes heures de repas et de repos, m'ont délabré à un tel point la santé que je me sens gravement malade ; après tant de démarches demeurées infructueuses, et sachant combien votre nom est aimé et respecté, je viens recourir à vous pour m'écrire un mot de recommandation, de façon à me faire exempter du travail de nuit. Au chemin de fer, il y a beaucoup de postes où l'on ne travaille que le jour, de six heures du matin à six heures du soir, il me semble donc qu'une intervention de votre part suffirait à adoucir mon service et à restaurer mon état de santé.

Cette exhortation peu littéraire mais humaine fit tout d'abord impression sur Daudet, qui prenant un accent de sincérité plaintive me dit, en biaisant sa belle tête de manière à mieux relever les mèches de ses cheveux noirs:

— Mon pauvre, je le regrette beaucoup, je ne connais aucune personne à laquelle je puisse m'adresser avec succès pour cela. Qui diable a bien pu vous dire que je pouvais vous être de quelque utilité pour ce que vous me demandez ?

— Mais, cher maître, je lui répondais, nul ne m'a conseillé de venir vous voir à ce sujet : *j'ai pensé à vous, j'ai dit : le grand écrivain Daudet est de chez nous, il pourrait bien quelquefois te faire obtenir cela. Voilà pourquoi je me trouve auprès de vous.*

Surpris, ému même par ma conversation *bonhommesque,* le génial auteur de tant de chefs-d'œuvre me parlait maintenant de mon emploi, de ce que je gagnais, de quel village du Midi j'étais, et si je parlais toujours la langue du pays.

— La langue de mon pays, lui dis-je, non seulement je la parle, mais mieux encore, je l'écris en composant de modestes poésies languedociennes.

— Ah ! ça c'est très bien, mon ami, fit-il.

Revenant à l'objet de ma démarche un peu imprévue, le maître me dit à nouveau son embarras pour assurer le succès de ma sollicitation.

— Allons, repris-je avec l'insistance d'un Méridional, qui ne doute de rien, alors même que vous ne connaîtriez personne au chemin de fer, quelques lignes de vous à la Direction vaincront toutes les résistances et porteront leurs fruits.

Amusé un moment par l'absolue conviction que j'avais sur l'efficacité de son intervention, en cette circonstance, bientôt le maître cédait à mes instances et de bon cœur écrivait sous mes yeux à l'adresse du directeur du P.-L.-M. un billet qu'il me donnait ensuite pour le jeter à la poste.

Fier du succès de ma démarche, et confiant dans la solution de ma requête, je le remerciais mille fois de ce qu'il avait bien voulu faire pour un petit employé comme moi.

Le saluant avec respect, je me retirais avec un sentiment de piété reconnaissante, lorsque sur le seuil, il me dit ces paroles pessimistes qui ne changèrent en rien ma conviction :

— Et vous verrez, j'en suis sûr, que ma lettre produira le même effet qu'un cataplasme sur une jambe de bois.

Alphonse Daudet, dont la modestie égalait le génie, se trompait : huit jours après, sa signature triomphait de toutes les hésitations administratives et avec mon changement de service, j'étais nommé agent classé avec une sensible augmentation de traitement.

Comme on le verra plus loin, peu après, en témoignage de reconnaissance de tout ce qu'il avait fait pour moi, avec le concours empressé des collaborateurs de ma revue littéraire *la Mandoline*, je me proposais de lui offrir un bel album d'autographes, lorsque la mort contre laquelle depuis de longues années il luttait avec un grand courage, vint le prendre et anéantit mon si doux projet.

Nîmes, l'éternelle cité romaine, riche de tant de chefs-d'œuvre antiques, fière d'avoir donné le jour à une pléiade d'hommes illustres, à divers titres, devait rendre hommage à la mémoire et à la gloire d'Alphonse Daudet, l'un de ses plus dignes enfants. Et cet auguste hommage, elle l'a rendu en lui élevant triomphalement une statue.

Son œuvre, pure comme la source d'un glacier, régénératrice comme un nectar des dieux, passera à la postérité et demeurera rayonnante et immortelle sur l'intelligence française.

Sa vie calme et laborieuse sera le plus noble exemple de sagesse, de persévérance et d'honneur, que l'on puisse donner à la jeunesse littéraire de notre époque.

XXIII

Chez le Prince de Lusignan

Le Prince de Jérusalem, de Chypre et d'Arménie. — La
villa magique. — Son Altesse Royale me décore. —
Douce promenade. — Paroles royales. — Gigantesque
mystification.

A la suite de la publication d'une étude sur
les Lusignans à travers les siècles, S. A. R. le prince
Guy de Lusignan, le digne héritier de cette Maison royale, me recevait en audience le mercredi
27 mai 1895 à dix heures du matin. Pensez combien j'étais heureux d'être admis auprès d'Elle,
dans ce cadre merveilleux où toutes les richesses
sont rapprochées dans une harmonie parfaite. Ici,
de précieuses reliques des temps immémoriaux
que l'on admire avec vénération. Là, d'inestima-
bles cadeaux de tous les souverains du monde,
cadeaux qui éblouissent le visiteur par leur somp-
tuosité éclatante. En somme, partout la beauté
maîtresse du lieu s'affirme triomphalement.

Et le prince, grave comme peut l'être le rejeton d'une lointaine lignée de rois, bon et humain comme un Dieu fait homme, régnait dans

ce décor majestueux et troublant, auréolé par l'éclat d'une immense gloire ancestrale.

Dès que je suis annoncé, les portes de la magnifique villa qu'il habite avenue de Neuilly s'ouvrent toutes grandes. Pour y arriver je traverse le petit jardin d'agrément qui en est comme la préface, et où sont disséminés avec art des arbustes empanachés, des plantes rares, des fleurs de toutes sortes baignées de rosée et de soleil.

Quand je pénètre dans le vaste salon de réception, je suis reçu par l'aimable secrétaire du prince, M. Godefroy. Peu après Son Altesse Royale apparaît et vient vers moi sans trop d'affectation protocolaire. A l'instant, je m'incline devant Elle, et lui présente les hommages de mon respect et de mon admiration. Puis le prince, caressant sa barbe patriarcale, m'invite à prendre place dans un fauteuil en face de lui. Il me dit :

— Votre ouvrage historique sur la Maison des Lusignans est très documenté et mérite des félicitations. Je vous ai appelé aujourd'hui pour vous faire des éloges. Maintenant voulant vous remercier d'une façon plus effective, j'ai décidé de vous nommer officier de l'ordre de *Sainte-Catherine du Mont Sinaï*, en attendant que je vous donne le ruban de *Mélusine*. Voici la décoration, le diplôme et le brevet...

Emu, troublé de tant d'honneurs, je balbutiais quelques mots de remercicments, mais le prince moins grave que tout à l'heure me fit l'honneur d'un pèlerinage à travers ses salons, où toute

une riche galerie de tableaux est installée. Je note
au passage : les portraits équestres du prince et
de la princesse de Lusignan par Finck ; un beau
portrait du général Crespo, président du Ve-
nezuela ; *Crépuscule,* une belle toile par Aïvazosky ;
et toute une kyrielle de ravissants tableaux signés : Watteau, Payen, Steinheil, A. Debellutz,
V. Lafon, Gibault, Kieffer, Planteau, Roussel.
Plus loin, voici une magnifique plaquette représentant fidèlement les traits du prince, œuvre de
Jules Robert, le célèbre graveur de la Banque de
France. Plus loin encore, c'est une grande pho-
tographie de Victor Hugo dédiée au prince par
l'illustre poète et signée de sa main.

Continuant notre excursion artistique au pays
de la beauté, le glorieux héritier des rois de Chypre et d'Arménie me fait admirer une ravissante
mandoline, cadeau que lui fit l'empereur d'Autri-
che en 1894. Ce divin instrument, pur travail de
fées, est une merveille de l'art italien.

Enfin Son Altesse Royale s'arrête devant une
immense bibliothèque et ouvrant quelques tiroirs,
Elle me montre les livres, journaux, gravures et
documents de toutes sortes qu'Elle reçoit journellement des quatre coins du monde. Çà et là je
remarque des volumes écrits en toutes langues, con-
sacrés à l'histoire des Lusignans, de belles litho-
graphies modernes, de vieilles estampes, des
parchemins jaunis et de très curieux manuscrits
égyptiens et chinois.

Et le prince qui paraît fier de toutes ces choses-

précieuses, les palpe et les classe pieusement dans leur carton respectif.

Puis me montrant un superbe album qui n'est autre que l'histoire de France racontée en de belles images, le dernier descendant des Lusignans se redresse, s'anime, et plein d'onction et de cœur, me dit en scandant les mots et en les pesant :

— Ah ! qu'elles sont belles les pages de l'histoire de France ; elles font l'admiration de tous les peuples ! Son passé sublime est un éternel rayonnement d'honneur, de bravoure et de gloire ! Quelle lignée d'écrivains, de savants, de héros, n'a-t-elle pas produite à travers les siècles ! Soyez orgueilleux d'être le fils de cette antique Gaule, qui fut la vénérable aïeule de la noble patrie française. Parmi toutes les grandes nations du monde, aujourd'hui comme hier, c'est toujours la France qui domine par sa richesse, son prestige et son génie. Partout où mes nombreux voyages m'ont amené, c'est-à-dire dans les milieux européens les plus divers et les plus sélects, j'ai constamment entendu répéter que la France était la terre traditionnelle, le sol classique de l'art et de la beauté.

Félicitant Son Altesse Royale de ces nobles paroles, je lui dis combien j'étais heureux et fier de saluer respectueusement le digne petit-fils de cette illustre race des Lusignans dont les exploits grandioses glorifièrent éternellement la longue dynastie des rois mémorables, ayant régné sous ce nom magique et prestigieux !

Remerciant encore le prince de la douce pensée qu'il avait eue de me distinguer, en m'octroyant si généreusement une de ses décorations, timide et joyeux à la fois, je me retirais en m'inclinant avec vénération devant cet homme si grand et si bon.

Quelques années après, quand les journaux m'apprirent que S. A. R. Mgr le prince Guy de Lusignan n'était qu'un habile simulateur, qu'un vulgaire aventurier exotique, s'appelant Dupont ou Durand, j'ai bien ri de mon aventure *fin de siècle*.

Cette gigantesque mystification, qui dura pendant vingt ans au sein de la Ville-Lumière, eut un succès formidable dans le meilleur monde des lettres, des sciences et des arts ; elle ne fut révélée au Tout Paris qu'à la mort de ce *Prince* de la bêtise humaine, lorsqu'on vérifia son état civil.

Parfois, quand la tristesse veut s'implanter en mon cœur, je me guéris d'elle en contemplant mon diplôme et ma décoration de *l'ordre royal de Sainte Catherine du Mont Sinaï*.

XXIV

Chez Alphonse Allais

Auguste Marin, était un excellent poète méridional, écrivant des vers simples, avec la même inspiration et le même charme que François Coppée, le barde populaire.

A sa lyre harmonieuse, il y avait plusieurs cordes, et, une entre autres était exclusivement réservée à faire vibrer cette sublime poésie provençale, dont Mistral est le grand maître.

Etant lié avec Marin par une amitié sincère, qui n'avait fait que se fortifier plus tard par nos fréquentes rencontres au *Café Voltaire*, où le *Félibrige*, en pleine éclosion, intéressait hautement le monde des lettres, un jour, comme je lui parlais d'Alphonse Allais, il me promit de me le faire connaître. Et c'est ce qu'il fit effectivement quelques semaines après.

En dehors de ses travaux littéraires, Auguste

Marin était attaché au *Journal* de Fernand Xau comme collaborateur régulier, en même temps qu'il remplissait la tâche ingrate de secrétaire de la Rédaction.

Ce poste élevé lui permettait donc d'être en relation avec Alphonse Allais, l'un des plus dévoués écrivains qui assurèrent le succès de ce grand organe, dès son apparition.

La semaine suivante, le retrouvant parmi les félibres, qui ce soir-là offraient un banquet au célèbre écrivain et insupportable pédant : Paul Arène, je lui renouvelai sa promesse. Auguste Marin s'exécuta de bonne grâce, en me fixant un rendez-vous au *Journal*, et c'est là, en effet, qu'il me procura l'occasion de causer quelques instants avec ce prince des humoristes.

Au jour et à l'heure dits, je ne manquais pas de m'y rendre, heureux de rencontrer l'un des dieux du franc rire gaulois.

Dès mon arrivée, Auguste Marin, se rappelant la consigne, parla en ces termes, en s'adressant à Alphonse Allais :

— Je te présente Pons, un poète méridional, qui depuis longtemps désirait te connaître ; il est homme d'équipe à la gare de Lyon, et cela ne l'empêche pas de faire de jolis vers et de diriger une intéressante revue littéraire, qui s'appelle *la Mandoline*. Pons est un compatriote de Daudet, il est de Nîmes.

— Tiens, je m'en doutais un peu en le voyant, dit Alphonse Allais, en me serrant la main. Son front *intelligent* et son teint bronzé me l'ont dit avant que je le *susse*.

Puis avec un grand sérieux que rien ne semblait trahir, il reprit :

— Dans ce Midi enflammé et précoce, où vibre dans l'air la vieille langue latine, sœur aînée de la nôtre, la plupart des *gensses* sont poètes à leur façon ; ils sont poètes en leur *accent* et dans leurs conversations, de tout point lyriques.

« J'ai toujours pensé que le soleil — et les cigales, surtout, — avait une influence considérable sur les étonnantes cervelles méridionales. Ah ! si nous avions des cigales à Paris, nous serions les êtres les plus gais et les plus spirituels de la terre ? Mais voilà il n'y en a pas.

« Pourtant, si on réfléchissait bien, qui nous empêcherait d'en avoir ? En ces jours bénis, où la science étonne le monde par ses découvertes miraculeuses, il ne serait pas impossible à nos savants, qui ont trouvé le procédé de conserver les cornichons dans le vinaigre, de rechercher le moyen infaillible, qui permettrait l'acclimatation de ces adorables bestioles musiciennes.

« Vous, Pons, qui faites des *versses*, ne pourriez-vous pas composer une poésie cadencée sur cette sublime « *canzone* » des cigales de votre pays ? Ce serait un *épatant* rythme nouveau, qui révolutionnerait le monde des *enfourcheurs* de Pégase. »

Comme je riais de bon cœur de ses galéjades normandes, Alphonse Allais, en me tapant sur l'épaule, me demanda quel genre de poésie je composais.

— J'ai écrit beaucoup d'œuvres en langue d'oc, lui dis-je, mais la plus grande partie de mon bagage comprend diverses pièces sur la terre natale, la vie, le patriotisme, l'amour, la famille, etc.

— Malheureux ! s'écrie l'auteur de : *On est pas des bœufs*, vous vous dites poète méridional, et vous n'avez pas encore chanté la cuisine à l'ail et la morue à la brandade ? Allons, vous nous mystifiez dans les grandes *largeurs*. Vous n'avez jamais été du Midi. On vous a dit que vous en étiez et vous l'avez cru, mais, vous ne pouvez pas nous le prouver.

Goûtant avec plaisir les spirituelles plaisanteries d'Alphonse Allais, je lui répondais :

— Que l'on soit Méridional, Marseillais comme Marin, ou Normand comme vous, mon cher maître, peu importe, on n'en est pas moins du pays de Rabelais.

— Ça, c'est *presque* bien dit, fit Allais en allumant une cigarette.

Bientôt, Auguste Marin, que le devoir professionnel appelait impérieusement, s'excusa et nous laissa seuls.

Peu après, à mon tour, prétextant une course, je saluais et quittais le joyeux père du capitaine Cap, qui allait, dit-il, rejoindre d'autres collaborateurs du *Journal*.

A la suite de cette rencontre, de longues années se passèrent, durant lesquelles j'eus quelquefois l'occasion d'apercevoir Alphonse Allais, mais toujours, je le revis sain de corps et d'esprit. Aussi, sa mort soudaine fut-elle un coup de foudre pour ses amis et ses admirateurs.

Maintenant que Honfleur, sa petite patrie, a honoré la mémoire de cet notoire écrivain ès fantaisie, en faisant apposer sur sa maison natale une plaque commémorative, il est doux d'évoquer le souvenir de l'homme et de rappeler ses débuts dans la littérature.

Car, avant Rodolphe Salis, de joyeuse mémoire, peu de gens connaissaient Alphonse Allais. Seuls, quelques habitués des *Cabarets naissants*, des *Boîtes montmartroises*, quelques fidèles des rares cénacles littéraires de l'époque, avaient déjà eu le privilège de l'entendre et de l'apprécier, mais le grand public l'ignorait.

Son genre, ou plutôt sa typique conception de la vraie « rigolade » française, inoffensive, si je puis m'exprimer ainsi, ne date guère que de la période retentissante et glorieuse, où l'inoubliable *Chat Noir* faisait courir le Tout-Paris. C'est qu'en effet, l'on s'amusait ferme dans ce Temple du rire, de l'émotion et de la beauté. Ses scènes pathétiques et bouffonnes, ses tableaux burlesques et héroïques, l'éloquence ensorceleuse des boniments du *Gentilhomme* Salis, tout cela charmait, étourdissait, hypnotisait ces grands enfants que sont les Parisiens.

C'est donc dans ce milieu foncièrement éclectique, qu'Alphonse Allais se révéla et progressa jusqu'au complet épanouissement de son beau talent de conteur humoristique.

D'aucuns trouveront peut-être banale et sans intérêt, cette rencontre d'un humble poète avec l'un des plus sagaces observateurs de l'immortelle bêtise humaine, mais, qu'on le sache, en ces modestes lignes, j'ai voulu apporter mon hommage à la mémoire de ce génial *blagueur* français. Car s'il est vrai, comme l'affirme un grand docteur de l'Académie de Berlin, que le rire est un agent indispensable au bon fonctionnement de l'estomac, Alphonse Allais aura bien mérité de l'humanité.

XXV

Chez Emile Zola

Zola et les *Décadents*. — Un article du *Figaro*. — L'offre d'un banquet. — Conversation avec le chef du naturalisme. — Une lettre du maître.

Nul n'ignore qu'Émile Zola a été attaqué pendant longtemps par l'école décadente et symboliste.

A propos de la mort de Verlaine et plus violemment que jamais, l'auteur de *l'Assommoir* essuya une telle *fusillade* de plume, de la part des membres de cette nouvelle colonie poétique, qu'il faillit en perdre la tête. Sous l'action d'une crise un peu trop nerveuse, il écrivit donc le fameux article : *A la Jeunesse*, qui parut en tête du *Figaro*, le 7 février 1896.

Dans ce retentissant article, Zola, en termes sévères, disait se séparer à jamais de la jeunesse littéraire, qui, en le couvrant lui-même d'injures, osait reconnaître en Paul Verlaine le maître de la poésie contemporaine.

A cette époque, la rédaction de *la Mandoline* tenait hebdomadairement ses assises au *Café Vol-*

taire. Le jour où paraissait cet article sensation-
nel, le soir nous nous trouvions réunis avec plusieurs de nos collaborateurs dans cet établissement ; et, après diverses appréciations de cet
incident, il fut décidé d'un accord unanime,
qu'avec mon ami Jayet nous écririons séance te-
nante à Zola la lettre que voici : Evidemment,
cette lettre exprime nos idées d'alors :

« Cher Maître,

« Savez-vous que votre article du *Figaro* a produit une impression considérable dans la jeunesse
littéraire, et, que les résolutions que vous parais-
sez avoir prises menacent d'y occasionner un
grand deuil ?

« Comment vous, Zola, le démocrate, vous
vous décidez à déserter à jamais cette jeunesse
que vous proclamiez naguère la force et l'espérance de l'avenir ? Et cela à la suite d'une vulgaire polémique de presse, engagée par des poètes affamés de réclame ?

« Ah ! nous protestons, cher maître, nous protestons avec tous nos amis, ce soir réunis, pour
empêcher que le cercueil de Verlaine ne vienne
remplacer le *trône* de Zola !

« Nous protestons de toutes nos forces contre
les insinuations malveillantes de quelques écer-
velés de *la Plume*, du *Mercure de France* et de
l'Ermitage, et, tenons à vous dire publiquement,
que, Gustave Kahn, Stéphane Mallarmé, Jean Moréas, Jean Carrère, Laurent Tailhade, Emmanuel

Signoret, et bien d'autres encore ne représentent pas, à eux seuls, toute la jeunesse littéraire contemporaine. Qu'à côté d'eux, il existe une armée de jeunes écrivains, qui ont pourtant quelque droit à se réclamer de la littérature française.

« Que Paul Verlaine, l'auteur de *Sagesse* et de *Romances sans paroles*, conserve certains titres dans l'esprit des lettrés, nous voulons bien en convenir, mais l'ériger sur un autel comme une idole et nous forcer à ployer les genoux devant lui, sans nous laisser le libre droit de saluer l'illustre auteur des *Rougon-Macquart*, c'est là une aberration une trahison aussi, que nous n'aurons jamais l'impudence de commettre.

« Pour rester fidèles à notre tâche, nous devons vous dire, cher maître, qu'après la décision que nous venons de prendre, nous sommes résolus à vous offrir un banquet, au nom de *la Mandoline* et de ses collaborateurs, — si vous voulez bien en accepter la présidence. »

Zola, tardant à répondre à cette lettre, je décidai d'aller le voir. Il me reçut fort courtoisement dans un fastueux salon, du premier étage, de son bel hôtel de la rue de Bruxelles. Dès qu'il me vit, il pressentit le but de ma démarche :

— Vous venez, dit-il, pour le banquet de *la Mandoline* ; ma réponse à votre sincère invitation est partie tout à l'heure ; vous la recevrez ce soir. Comme vous le verrez, je trouve qu'un banquet à cette heure ne modifierait en rien les phases de ce soudain incident.

« Quoi qu'il en soit, je ne vous en remercie pas moins chaleureusement de votre initiative spontanée, qui m'est allée tout droit au cœur. »

A mes questions sur les vives critiques adressées à ses œuvres, entre autres sur son livre *Rome* et sur la monumentale cabale montée contre lui par les jeunes de *la Plume*, du *Mercure* et de *l'Ermitage*, le maître me répond avec un sourire aigre-doux :

— Voyons, parlons sérieusement, pourquoi m'inquiéterais-je des fanfaronnades de ces *nourrissons* de la poésie, ne cherchant plaies et bosses que pour faire parler d'eux ? J'en fais fi. Et puis, croyez-vous que ces quelques turbulents imberbes, qui se démènent sur mes faits et gestes, soient bien l'essence de la véritable jeunesse littéraire, sage et travailleuse ? Pas le moins du monde. D'ailleurs, j'en ai la preuve, par l'avalanche de lettres sympathiques qui m'arrivaient de toutes parts, à l'heure même, où les petits intrigants en question venaient d'accomplir leurs ridicules exploits.

« Vous conviendrez, je suppose, que ma personne et mon œuvre sont à l'abri de toutes ces mesquineries imbéciles, que je méprise souverainement,

« Lorsqu'un homme est universellement connu, comme je le suis, des attaques aussi mesquines, ne peuvent le diminuer en rien, aux yeux des foules conscientes.

« En somme, tout cela n'est pas sérieux et n'a pas l'importance que lui ont donnée les journaux.

Du reste, j'ai cessé ma collaboration au *Figaro* et ne veux plus répondre aux chicanes absurdes que me cherchaient de part et d'autre ces jeunes éphèbes. Dans ce journal, j'avais déjà commencé une polémique avec eux, mais bientôt j'ai compris l'inutilité de ce débat, le jeu ne valant pas la chandelle. Je préfère rompre définitivement avec eux.

« Vous me parliez tout à l'heure des critiques âpres sur *Rome*. Que trouvez-vous là d'étrange ? Tous mes autres livres m'en ont valu autant. Qu'est-ce qu'on n'a pas dit de *l'Assommoir*, de *Nana*, de *Pot Bouille*, de *Thérèse Raquin*, de *la Terre*, et de tous mes ouvrages en général ? Cependant, les tirages formidables qu'ils ont eus, et leurs traductions en toute langue, en disent long sur leur succès.

« D'abord, il faut vous dire qu'un écrivain, quel qu'il soit, ne peut jamais publier un volume sans avoir à ses trousses, un tas de gens peu ou prou compétents, s'arrogeant le droit d'apprécier et de juger son œuvre, sans être même aptes à la bien comprendre.

« Comme cela est, en définitive, une des conditions indubitables d'un réel succès, j'en conclus que tout homme de lettres doit plutôt s'enorgueillir de la critique déloyale que de s'en effaroucher. Bien ou mal, l'essentiel, c'est qu'on parle d'un livre, dès qu'il paraît. Pour la vente, tout est là. »

Sur ces mots, je quittai le maître et le remerciai vivement de l'accueil sympathique qu'il avait bien voulu me faire, en m'honorant d'une conversation aussi intéressante.

Le soir, lorsque je rentrais chez moi, je trouvais la réponse de Zola et la communiquais à mes collaborateurs de *la Mandoline*, auxquels je narrais avec plaisir les doux instants que je venais de passer auprès du chef de l'Ecole naturaliste.

La lettre de Zola était ainsi conçue :

(21 *bis*, rue de Bruxelles).

Paris, 12 mars 1896.

« Chers Messieurs,

« Je suis très touché de votre lettre, et vous prie de remercier bien vivement vos amis de *la Mandoline*, en mon nom.

« Mais, je ne veux pas de banquet, ce serait donner à l'incident une importance qu'il n'a pas.

« J'aimais d'ailleurs beaucoup Verlaine, je serais désolé d'entrer en lutte contre sa mémoire ; il y aurait là un malentendu que j'entends éviter à tout prix.

« Et, enfin, je ne suis qu'au début d'une campagne, je désire rester maître de mes mouvements.

« Cordialement à vous.

EMILE ZOLA. »

Ainsi, Zola fut, de tout temps, un grand batailleur et un homme violent. A aucun moment de sa vie, pourtant laborieuse, il ne sut ni tempérer sa plume, ni mesurer ses actes. Sa nature combative, secondée par un orgueil excessif, lui firent bien souvent perdre la tête et dédaigner la raison.

Dans l'histoire des lettres françaises on se souviendra de lui comme d'une curiosité remarquable, et son œuvre, qui représente une époque d'anarchie littéraire, restera comme un pâle rayonnement du génie de notre race.

XXVI

Chez Catulle Mendès

**Illustre poète et illustre fat. — Emotion et névrose. —
L'Insolence du Génie. — Causerie avec le maître. —
Les suites d'un bon accueil.**

Sans être un fanatique de son œuvre, je sais
l'apprécier et la louer comme elle le mérite. Ses
poésies, ses romans et ses pièces de théâtre sont
des étapes particulières de diverses époques littéraires. Ses vers enflammés anacréontiques, et lyriques, emportent l'âme dans les régions éthérées,
mais demeurent souvent obscurs et vagues.

Dans bien des cas, c'est-à-dire pour certains
sujets, Catulle Mendès, que l'on pourra considérer comme un riche *joaillier* de notre langue
se leurrait sur l'effet de ses musiques de mots, et
lorsqu'il croyait produire dans le cœur une saine
et douce émotion, il ne faisait qu'attiser davantage la nervosité d'une catégorie de créatures
maladives. Et tandis que les esprits sains restaien
un peu réfractaires à sa morbide inspiration,
Mendès triomphait et disait que nous ignorions le

véritable beauté. Dès ses débuts dans les lettres, en 1860, la muse le charma, le grisa jusqu'à lui faire perdre la tête. Son audace, son puffisme et surtout son orgueil, le servirent précieusement et l'aidèrent à se faire connaître et à se créer une réputation qui, de plus en plus, se fit grandissante sous les applaudissements passionnés d'une mondaine coterie féminine.

Parmi ses contemporains, peu d'hommes ont évolué dans la littérature avec tant de pédantisme et d'insolence. Sa culture incontestable, à l'égale de son aveugle prétention, lui ouvrirent bien des portes dans les salons de *ces dames*, et dans le journalisme ; elles facilitèrent prodigieusement le succès de ses rodomontades poétiques. Car, tout en lui, était emphase, vanité et présomption.

Du reste, tous ceux qui l'ont connu de près, s'accorderont à dire que son outrecuidance et sa fatuité dépassaient toutes bornes.

A chaque heure de sa vie, il a toujours joué au *Grand Pan*. Il a voulu étonner, *épater* ses contemporains par sa mise excentrique, ses manières opulentes et ses simagrées prétendument aristocratiques.

Si les hommes, à l'approche de ce *bluffeur*, étaient quelquefois pris de dégoût, ces *dames*, au contraire, raffolaient de ce Brummell, qui savait si bien se faire le sosie de son beau-frère Théophile Gautier, ou celui, non moins *modeste*, d'Alfred de Musset.

Laissons l'homme, qui fut détesté et détestable

et louons avec vénération l'œuvre admirable du poète, qui, malgré ses inquiétantes conceptions esthétiques, n'en restera pas moins l'une des figures les plus curieuses de la littérature moderne.

Après ces diverses appréciations, inspirées plutôt par l'insupportable orgueil du dandy-écrivain, que par l'idée fixe que je pourrais avoir de faire une critique malveillante, je mentionnerai la visite que je lui fis rue Boccador.

Mon ami, André Jayet, ayant depuis quelques mois soumis à Catulle Mendès un manuscrit, dans lequel figuraient de très curieux essais poétiques, sur un rythme nouveau, j'avais mission, en allant voir le fondateur du *Parnasse Contemporain*, de lui réclamer cet ouvrage.

J'y allai donc un dimanche matin. En son absence, Mᵐᵉ Catulle Mendès, parée d'un magnifique peignoir rose, hautaine et fière, me reçut. En la saluant respectueusement je lui dis combien je regrettais de ne pas rencontrer son mari.

— Oh ! me dit-elle, il est si pris, si pris…, des *premières* partout, où, son devoir de critique dramatique l'appelle, les répétitions de ses pièces, des rendez-vous avec ses éditeurs…, le pauvre homme, il n'a pas un moment à lui… Revenez donc une autre fois, je lui parlerai de vous et de l'objet de votre visite.

Le dimanche suivant, à la même heure, j'y retournai. Comme je savais que, pour mériter les grâces du grand poète bordelais, il fallait faire pas mal de génuflexions et lancer sans cesse de longs coups d'encensoir, je ne manquai pas de me conformer à cet usage stupide. En effet; suivant cette tactique de rigueur, je fus le bienvenu. Nous causâmes.

— Vous avez de la chance de me trouver, me dit-il, hier, j'ai failli m'empoisonner.

Devant la stupéfaction que me causaient ces paroles étranges, il me rassura, en ajoutant:

— Oui, j'ai failli m'empoisonner bêtement en mangeant des huîtres. Ces huîtres étaient fraîches, ou du moins le paraissaient, mais elles avaient dû subir le contact de quelques matières contaminées ou de métaux vert-de-grisés. Enfin, voilà, sans le concours d'un bon médecin, je pouvais en *claquer*.

C'était du bon réalisme.

Mais nous parlâmes poésie. Risquant un mot sur Verlaine, Mallarmé et Moréas que je trouvais parfois vagues et incohérents, Mendès bondit:

— Malheureux, s'exclama-t-il, ces poètes, ces vieux camarades de jeunesse, mais ce sont des génies! Je les admire, je les aime avec la même affection que je voue à Gustave Kahn, cet autre divin artiste de notre langue.

Et comme je lui parlais de mon compatriote le bon poète méridional, Alexandre Ducros, qui habita longtemps Paris et qui alla mourir à Nîmes, sa ville natale, il me dit l'avoir connu parmi les habitués du *Café de Madrid*, mais il ajouta dédaigneusement :

— C'était un banal rimeur ; il n'avait pas de talent pour un sou. »

Ainsi, dans toutes ses paroles, on voyait toujours apparaître l'homme ivre d'orgueil, qui, abusant de son propre mérite et de son immense réputation, s'amusait à écraser sous un brutal mépris les modestes amants des Muses.

Continuant la conversation, il me demanda quelles étaient mes occupations, si je vivais *un peu* de ma plume. Comme je lui disais que j'avais un emploi au chemin de fer, il reprit :

— Vous faites bien, car dans la littérature on n'arrive à gagner son pain lorsqu'on n'a plus de dents.

Tout en causant, il appuya sur un timbre, une bonne parut ; le maître fit un signe et une seconde après on lui apporta un magnifique service de fumeur.

— Voilà, me dit-il, en m'offrant majestueusement une cigarette, comment je passe mes journées : je travaille et je fume, je fume et je travaille ; quand une œuvre est finie, j'en recommence une autre et, malgré cet effort inlassable, je n'arrive pas encore à faire tout ce que je voudrais faire...

Abordant le vrai motif de ma visite, je demandai à Catulle Mendès s'il avait lu le manuscrit que lui avait soumis mon ami André Jayet.

— Heu ! Heu ! fit l'auteur de *la Reine Fiammette*, Jayet, Jayet, oui, *je crois* que son *Machin* est trop long et pas assez lyrique.

— Ne voudriez-vous pas me le rendre, dis-je

alors au maître ; mon ami qui n'a pas pris copie de ce manuscrit m'a chargé de vous le réclamer.

A ces mots, Catulle Mendès se leva, s'emballa en s'écriant :

— Croyez-vous, que je vais le *bouffer votre* manuscrit ? Après tout je m'en moque. *Foutez*-moi la paix avec ce *rossignol...*

Navré, indigné de son attitude, effrayé par ses gestes nerveux et par sa colère injustifiée, je me sauvai de chez ce furibond comme un voleur.

XXVII

Chez Adolphe Pieyre

Ami et protecteur. — Un lettré oublié. — L'évolution de l'art. — Du romantisme au naturalisme. — Les bons auteurs.

Ancien député du Gard, ancien collaborateur du *Figaro* et du *Gaulois*, Adolphe Pieyre fut un homme de lettres particulièrement remarquable. Son bagage littéraire se compose de douze romans, de six pièces de théâtre, d'une *Histoire de Nîmes* en trois gros volumes et d'une foule de manuscrits précieux qu'il a légués à la bibliothèque de sa ville natale.

Pendant vingt ans, Adolphe Pieyre a été mon ami. C'est à lui que je soumis mes premiers essais poétiques, en langue d'oc. C'est lui qui tout de suite m'encouragea, m'introduisit dans des milieux artistiques, et écrivit dans la presse méridionale de nombreux articles en faveur de mes modestes vers.

C'est donc, pour moi, un devoir d'honorer la mémoire de ce lettré, en reproduisant ici l'une des plus intéressantes conversations que j'eus avec lui, lorsqu'il me recevait avec tant d'affection, en son bel hôtel du boulevard Sergent-Triaire, à Nîmes.

Nous étions au commencement de l'année 1897, et, assez libre dans son intimité réconfortante, je lui posais cette question, en parlant des auteurs contemporains :

— Sommes-nous, comme certains l'assurent, dans une époque de décadence littéraire ?

— Non, me dit Pieyre, bien que nous n'ayons plus de Balzac, de George Sand, d'Alfred de Musset, de Victor Hugo, de Baudelaire, de Béranger, de Sainte-Beuve, de Thiers, de Guizot, de Montalembert, de Girardin, de Théophile Gautier !

« Si nous n'avons pas de talents vraiment transcendants, nous conservons au moins la quantité, une quantité qui est extraordinaire, comme imagination et comme production. Notre littérature moderne, de même que l'art, est en état d'évolution perpétuelle.

« Du *Génie du Christianisme* à *Lourdes*, il est facile de mesurer l'étendue de la chute. C'est la critique qui a grossi le mouvement, dont le scepticisme de Sainte-Beuve avait surtout donné le signal.

« Les livres d'aujourd'hui, sauf quelques rares exceptions, on se cache pour les lire. Il faut du scandale quand même au théâtre et dans le roman. Zola fait de la société un immense hôpital où la beauté ne pénètre pas, où l'on ne guérit jamais, mais où une génération épuisée, et qu'une incurable myopie prive du spectacle des harmonies célestes, se complaît à l'étalage universel des plaies honteuses de l'humanité. Zola se désintéresse avec un superbe dédain de l'idéal, qu'il abandonne à Coppée, à Heredia, à Sully-Prudhomme, à Loti. C'est ainsi que la littérature est devenue, sous le nom de naturalisme, une sorte de musée chirurgical. Il y règne un grand vide que rien ne comblera, le cœur de l'homme et le cœur de la patrie en sont bannis. On n'y sent plus battre ce *pendule* des passions généreuses, toujours prêt à marquer l'heure des nobles dévouements et des féconds sacrifices, que cherche à nous enseigner Déroulède ou Georges d'Esparbès.

« C'est que, si l'humanité perd de vue son but éternel, si le génie de l'homme s'imagine n'avoir plus rien à demander à ces profondeurs du ciel, que dissimule la nuée, et à ces profondeurs encore plus insondables de la pensée, que peuple le vague effroi de l'immortalité, la poésie replie ses ailes et l'art meurt d'inanition. Le peuple, qui ne lutte plus pour avancer vers l'infini, recule comme le nocher dont parle si admirablement Virgile.

« La filiation du naturalisme ne paraît pas en vérité bien facile à établir. Comment Maupassant et Zola peuvent-ils *descendre* de Lamartine et de Chateaubriand ? Aujourd'hui on croirait voir, en littérature, les successeurs de Boccace, et de Bonaventure-Desperriers, de Sade, de Crébillon fils, de Louvet ou mieux encore de Diderot.

« *Celui qui dict tout* », comme l'a justement af-
firmé Montaigne, « *il nous saoule et nous dégouste.* »
Est-ce que *Nana* ressemble à *Manon* ? Je vous
entends protester, n'est-ce pas ? Mais, me direz-
vous, ressemble-t-elle donc à Atala, ou à Elvire ?
Oui, comme la guenon ressemble à Ève, comme
le reptile ressemble à la gazelle. Mais ici, c'est
bien la même généalogie ; le romantisme a en-
fanté le naturalisme, comme Jupiter a donné le
jour à Vulcain, comme la vieillesse vicieuse engendre les ulcères. *M*ᴵᴵᵉ *Giraud* n'a évidemment
aucun trait commun avec la célèbre et ingénue
héroïne de Diderot, ni avec la sœur de René !
Mais, en y regardant de près, on peut reconnaître
la filiation. Jules Simon, Taine, Pontmartin,
n'ont-ils pas fait des efforts généreux pour sauver
le temple du goût de la destruction, dont certains
suppléments de journaux ou certaines feuilles
illustrées le menacent ? Les rares gardiens de la
conscience littéraire du pays, les Coppée, les
Paul Bourget, les Brunetière, les Déroulède, les
Barrès, les de Vogüé, les Juliette Adam, ne ral-
lieront-ils pas, un jour, les esprits dispersés par
les incohérences des mœurs, de la pensée et du
langage ?

« La littérature moderne n'est pas, au moins à
sa surface, le fidèle miroir de notre société. Elle
la calomnie.

« Je pourrais aller très loin sur ce sujet-là, mais
comment parler de tous nos littérateurs ? Il y en

a tant ! Alphonse Daudet, Pailleron, Claretie, de
Bornier, Theuriet, Richepin, Bergerat, Armand
Silvestre, Jules Lemattre, Paul Bourget, Goncourt,
Lavedan, Jean Aicard, et j'en passe... Tous ont
du talent. Nul n'est un homme, dans l'acception
que donne à ce titre sa sublime origine et que
de Laprade a en vain cherché à réveiller par ces
virils accents :

> Il faut de plus mâles sauveurs
> Dans l'affreux orage où nous sommes ;
> Nous avons eu trop de rêveurs :
> Soyons des hommes !

« J'estime qu'il y a trop d'hommes de lettres,
comme trop de peintres, trop d'avocats, trop de
médecins. Il y a encombrement partout, surtout
de livres chez les éditeurs. Et chose bizarre,
ce sont encore les romans de George Sand, de
Dumas et de Balzac qui priment ceux des jeunes et qui sauvent les éditeurs de la débâcle.

« La littérature moderne est un paysage sans
ciel. Plus de firmament, plus de soleil. Elle est
comme la peinture faite dans l'atelier. Pas de
plein air, pas de vraie peinture, pas d'inspiration.
Le gaz ou la lumière électrique ont remplacé
Phœbus ou l'étoile polaire. C'est le soleil, conclut
Pieyre, qui a inspiré Frédéric Mistral ; c'est à la
source de la nature que nous devons chercher la
vérité et la beauté, en littérature. »

La mémoire d'un ami aussi précieux et d'un

tel lettré, restera toujours vivante dans mon cœur,
et, toute ma vie, je garderai la souvenance des
doux instants que j'ai passés auprès de cet homme,
simple et bon, lorsqu'il prononçait avec tant de
sincérité ces paroles sublimes.

Si jamais un être humain mérita ma reconnaissance, ce fut bien celui-là.

XXVIII

En août 1897, décidé à rendre un juste hommage à mon illustre compatriote Alphonse Daudet, qui, à plusieurs reprises, avait eu pour moi beaucoup de bienveillance, en s'intéressant à ma situation d'homme d'équipe au P.-L.-M., je me faisais un devoir de lui offrir un album d'autographes, comme je l'avais déjà fait pour Coppée.

Tous les manuscrits destinés à figurer dans cet album devaient répondre à cette question posée à mes collaborateurs :

« Exprimer en prose ou en vers votre sentiment sur Alphonse Daudet et sur son œuvre. »

A l'appel, publié dans ma revue *la Mandoline*, trois cents jeunes écrivains, poètes et félibres, répondirent avec empressement. Tous, avec un ensemble harmonieux et touchant, parlèrent du maître en des termes qui prouvaient bien, jusqu'à quel point ce grand génie était apprécié et aimé parmi la jeunesse intellectuelle.

Pour donner plus d'éclat à cette manifestation

de respectueuse sympathie, j'avais fait précéder
ce magnifique album de quelques pensées re-
cueillies, avec joie, chez les personnalités les plus
en vue de notre littérature contemporaine.

Au hasard de la plume, je cite de ces pages les
premiers feuillets qui sont restés inédits.

A tout seigneur, tout honneur : Voici les lignes
charmantes que Mistral, l'immortel auteur de *Mireille*, écrivait en pure langue provençale :

« Moun brave Pons,

« En tafurant dins mi tiradou, ai trouva aquesto
letro de moun viéi coumpan Daudet :

Ami,

En lisant Calendal *l'idée m'est venue de faire
un poème — mes poèmes à moi ont* **l'alen court,**
hélas ! — sur le couvent de Saint-Pons.

*Dis-moi en deux mots ce que tu sais de ces bon-
nes dames que l'amour soutenait si bien, et per-
mets que je te dédie mon œuvrette.*

ALPHONSE DAUDET.

« Veiçi lou rode de *Calendau* qu'avié fa chau-
riha Anfos :

Caminen plan : belli viergeto
Que dins Sant-Pons éroun moungeto,
Encaro, per li frais e li pibo, segur
    Devon treva ! l'auro oudourouso,
    L'écô dou baus, l'aigo amourouso
Encaro, iver, estieu, animon si murmur.

> E vous raconton à la chuto
> Ço que vegueron ; d'uno buto
> L'amour ounnipoutént créban lou mounastié
> La roumpeduro dou cilice,
> E lou festin e li délice
> E piéi l'escande e lou suplice
> E la Gleiso en courrous acclapant l'abadié...

« Sabe pas se Daudet a segui soun idéio. Doumens n'ai gès de souvenenço, tant-plus-mau per Sant Pons e per la vau de Gémo ; car se l'abiho de Champrosay avié tant-sie-pau floureja sur la legendo gemenenco, i aurié culi un rai de mèu de bresco, e per faire lingueto, e meme per douna regrèt is ami de moun grand ami, que maliciousamen ièu decèle un de si pantaï.

Frédéric Mistral. »

« La littérature française n'avait pas son *Don Quichotte*, votre *Tartarin*, mon cher Daudet, a comblé cette lacune ; et vous êtes d'ailleurs, dans toute votre œuvre admirable, un maître exquis de l'émotion, de l'ironie et de la grâce.

François Coppée. »

« Je serre bien affectueusement la main de mon vieil et fidèle ami Daudet, après vingt-cinq ans de sincère amitié sans brouille, ce qui est une chose bonne et rare et d'un exemple à donner aux générations littéraires.

« Vie heureuse à Daudet et immortalité !

Emile Zola. »

« Vous êtes les bienvenus, vous tous les jeunes poètes de la revue littéraire *la Mandoline*, qui me donnez l'occasion d'exprimer de nouveau à Alphonse Daudet mon admiration et ma grande sympathie.

Henry Houssaye. »

« Et moi aussi, je suis heureux de l'occasion qui m'est offerte d'affirmer par un acte de sympathie, la haute estime que j'ai toujours ressentie pour le très grand talent d'Alphonse Daudet tout en regrettant que cette affirmation soit aussi inutile que banale ; car je ne pense que ce que tout le monde pense et ne dis que ce que tout le monde dit.

Edouard Pailleron. »

Ce qu'un homme commence et pour lui-même rêve,
    Pour d'autres hommes Dieu l'achève !

Henri de Bornier. »

    « Mon cher Alphonse,

« Il y a plus de trente ans déjà que ma vieille amitié te chante des airs de *la Mandoline* de Pons. Cette fois c'est sous ta fenêtre qu'il s'agit de te donner l'aubade.

« Je me mêle à ces jeunes gens qui te l'envoient parmi les fleurs.

« On ne dira jamais assez que tu mérites d'être aimé autant qu'admiré.

« Moi, je le sais, je le dis et je t'embrasse.

Emile Bergerat. »

« Je m'associe de tout cœur, mon cher Daudet, au témoignage d'affection que veulent vous donner vos amis et admirateurs.

« A nos âges, il faut oublier les nuages passagers et ne plus avoir de mémoire que pour les jours radieux de la jeunesse et de l'amitié, la fraternité littéraire, les belles promenades dans les bois, les bonnes causeries au coin du feu : tout ce qui enfin a rendu si douces les années écoulées. Que le souvenir nous en demeure encore précieux et cher !

Edouard Drumont. »

« Alphonse Daudet me rappelle mon printemps, comme je lui rappelle le sien. Comment dans de telles conditions ne lui serrerait-on pas la main de tout cœur quand l'automne est venu ?

Pierre Véron. »

« J'apporte mon sincère tribut d'admiration à l'un des maîtres du roman moderne. Je n'en connais pas de plus fin et de plus railleur que l'auteur de l'immortel *Tartarin* et de *Numa Roumestan*.

Jules Troubat. »

« Toutes mes sympathies pour Daudet et son œuvre admirable et sublime.

Jules Lermina. »

Telles étaient les principales signatures qui ornaient les premières pages de ce précieux album,

Après les maîtres, et, en tête de la partie réservée aux jeunes, j'avais écrit en langue d'oc, sœur de la belle langue provençale, cette modeste présentation qui pâlit beaucoup avec sa traduction en français :

« Cher maître et illustre compatriote,

« Voici une armée d'écrivains et de troubadours qui viennent vous offrir une gerbe de fleurs poétiques cueillies en l'honneur de votre gloire, dans le jardin de leur cœur.

« Nous savons, tous, que vous êtes sans contredit le roi de l'esprit français, le Bon Dieu de la beauté de la langue de nos pères et nous venons aujourd'hui, avec émotion et avec joie, rendre hommage, par ce beau livre d'autographes, à votre réputation d'homme de lettres et à votre génial esprit, qui est, comme l'incarnation de cette race latine d'où vous êtes issu.

« Croyez que le peuple méridional sera à jamais fier de vous compter au nombre de ses enfants car vous êtes, on peut le dire, le plus grand soleil de la littérature française.

« Tout le monde sait que vous avez le courage et l'honneur d'ouvrir bien grande votre porte aux petits et aux humbles, avec le même empressement que vous mettez à accueillir les princes des lettres et des arts.

« Que n'avez-vous pas fait pour ce pauvre paysan Baptiste Bonnet, prosateur provençal ?

« Non seulement vous avez serré sa main caleuse d'ouvrier de la terre, mais vous l'avez aidé de toutes vos forces pour le faire connaître, lui procurant ainsi le pain de ses vieux jours.

« Pour en revenir à ma mission, veuillez croire, mon cher Maître et illustre compatriote, que je me fais un pieux devoir de vous présenter cet essaim d'écrivains, de poètes et de félibres, qui, des quatre coins de la France, vous mandent un grand salut et font retentir de beaux chants d'amour, pour celui qui est l'honneur et la gloire de sa petite et de sa grande patrie.

« Dieu fasse que vous viviez longtemps encore pour le bonheur de votre famille et pour l'éternel renom de notre sublime langue !

Michel Pons. »

Malheureusement, les vœux ardents, que je formulais dans cette présentation, ne se réalisèrent pas. Mon riche album d'autographes venait d'être terminé, lorsqu'un soir de décembre, de cette triste année 1897, j'avais la douleur d'apprendre la mort soudaine de celui qui m'était si cher, et pour lequel je m'étais dévoué, pendant de longs mois, sans me soucier ni des peines, ni des fatigues.

Que faire, à la suite d'un pareil malheur, qui brisait tous mes efforts et toutes mes espérances ?

Au bout de quelque temps, j'écrivais à son fils

Léon, et, de concert avec lui, j'offrais à la bibliothèque de Nîmes, la ville natale de Daudet, cet album, trésor de ma persévérance.

En retour de ce précieux cadeau, le maire de l'antique et glorieuse cité romaine m'adressait cette lettre :

« Nîmes, 7 janvier 1898.

Ville de Nîmes
Cabinet du Maire

« Monsieur,

« Je suis informé par M. le conservateur de la bibliothèque de Nîmes que, sur le désir manifesté par M. Léon Daudet, vous avez bien voulu, dans un sentiment d'affection pour notre ville, faire don à la dite bibliothèque d'un bel album d'autographes qui était destiné à être offert à Alphonse Daudet.

« Je vous remercie, Monsieur, au nom de la ville de Nîmes, de cette offre généreuse, qui permettra à notre établissement de posséder un ouvrage si important, que ne manqueront pas de consulter les nombreux admirateurs de notre éminent et regretté compatriote.

« Veuillez agréer, Monsieur, l'assurance de ma considération la plus distinguée.

Le Maire de Nîmes,
ÉMILE REINAUD. »

XXIX

Le complot de 1899. — Ma citation à comparaître. — Rochefort, Drumont et Gyp. — Quelques autres témoins. — Les gaietés de l'attente.

En l'année 1899, il était écrit qu'une aventure dépourvue de banalité devait égayer la vie simple et paisible que j'avais menée jusque-là. La poésie, qui, toujours, savait me délasser de ma rude tâche quotidienne, devait être oubliée, un instant, et, par un concours de circonstances drolatiques, j'arrivais, en effet, à être indirectement mêlé dans une étonnante conspiration politique.

Qui ne se rappelle le *fameux* complot contre la République, pour lequel furent arrêtés, MM. Déroulède, Marcel Habert, Jules Guérin, André Buffet, Eugène Godefroy, de Sabran-Pontevès, de Lur-Saluce et tant d'autres qui n'étaient pas plus coupables que vous et moi ?

Quelques mois après ces ridicules arrestations, le Sénat s'érigea en Haute Cour de justice, et, se mit en mesure de juger ces prétendus conspirateurs, sur des accusations purement imaginaires et de tous points absurdes.

Étant à cette époque secrétaire d'un important groupe patriotique du XIIᵉ arrondissement, un beau jour, sans m'attendre à cet honneur, j'eus la joie de me voir cité comme témoin à décharge.

Voici, du reste à titre documentaire le texte de cette assignation que je garde précieusement :

HAUTE-COUR
    DE   *Citation*
JUSTICE   à comparaître comme témoin

« L'an mil huit cent quatre-vingt-dix-neuf, le sept novembre, à la requête de M. André Buffet détenu en ce moment à Paris au Palais du Luxembourg, j'ai Louis George, huissier près le tribunal civil de la Seine, demeurant à Paris, 12, rue de la Chaussée-d'Antin, soussigné, cite :

« M. Michel Pons, homme d'équipe au chemin de fer P.-L.-M., demeurant à Paris, 14, boulevard de Reuilly, étant en son domicile et parlant à lui :

« A comparaître en personne le neuf novembre mil huit cent quatre-vingt-dix-neuf et jours suivants, s'il y a lieu, par devant M. le Président du Sénat et MM. les Sénateurs composant la Haute Cour de Justice, séant à Paris au Palais du Luxembourg à une heure de l'après-midi pour :

« Serment préalablement prêté dire et déposer vérité sur les faits dont il lui sera donné connaissance à l'audience dans l'accusation portée contre le requérant.

« Lui déclarant qu'il sera indemnisé par le requérant.

« Et qu'en cas de non-comparution il lui sera
fait l'application de la loi.

« A ce qu'il n'en ignore,

« Je lui ai étant et parlant comme dessus laissé
cette copie sous enveloppe cachetée et timbrée.

« Coût dix francs.

« Timbre, copie une feuille à 0 fr. 60.

Signé : Louis GEORGE. »
Huissier,
12, rue de la Chaussée-d'Antin.

A la première audience de la Haute-Cour, j'eus
la douce surprise de me rencontrer avec d'autres
témoins particulièrement remarquables.

Dans la galerie des Bustes, où l'on nous avait
tous parqués, je me trouvais en effet en l'illustre
compagnie d'Henri Rochefort, Edouard Drumont,
François Coppée, Jules Lemaître, Maurice Barrès,
Gyp, les chansonniers Dominique Bonnaud, Théodore Botrel, etc., etc...

Dans ce milieu sélect et enthousiaste, où, des
personnalités d'opinions diverses s'accueillaient
avec sympathie, on ne distinguait plus des anti-
sémites, des royalistes ou des nationalistes, il n'y
avait que des amis et de bons Français.

J'entends et je revois encore Rochefort, la
figure éclairée par des petits yeux bleus, la tête
ornée de cette belle crête de cheveux bouclés,
que le poids des ans et les batailles de sa vie ont

eu tant de mal à blanchir, disant à haute voix à l'assistance :

— J'ai été un peu de tous les complots, durant mon existence pleine d'agitation et d'aventures, mais celui-ci, plus Renaissance que tous les autres complots, préparés avec l'harmonieuse collaboration des gouvernants et de la police, a des avantages et des charmes particuliers, parce qu'on a l'honneur d'y rencontrer l'élément du beau sexe, représenté par une gracieuse dame, qui a, en plus, le mérite de personnifier l'esprit français, par son talent littéraire. »

Directement visée par les paroles spirituelles et aimables de Rochefort, Mme Gyp s'avança souriante, pour lui serrer la main, mais le grand pamphlétaire, toujours jeune, de nature et de caractère, poussa la galanterie jusqu'à l'embrasser, au grand contentement de tout le monde.

De cet agréable incident qui avait augmenté la joie parmi l'assistance, Edouard Drumont, oubliant le sérieux philosophe qu'il est, et, en caressant sa belle barbe de patriarche de l'antisémitisme, disait à François Coppée :

— Ce diable de Rochefort n'a pas changé malgré son âge ; il demeure le même ironiste, le même blagueur étincelant que nous avons connu depuis un demi-siècle. »

Et François Coppée de répondre avec sa bonhomie ordinaire :

— Rochefort a bien raison de tourner tout à la rigolade, même les coups de force imaginaires.

13

Sous cette République bâtarde les complots contre la sûreté de l'Etat sont pareils aux soufflets des forgerons, il n'en sort que du vent »...

Tandis, que de partout, s'entre-croisaient et pleuvaient dru, comme grêle, les quolibets, à l'adresse des hommes du gouvernement, le chansonnier Dominique Bonnaud, l'ancien collaborateur de Rodolphe Salis, du *Chat Noir*, sollicité par Jules Lemaître, nous chantait maintenant des couplets montmartrois. Sa voix mélodieuse et ses rimes mordantes faisaient éclater, sous les voûtes des galeries, des tonnerres d'applaudissements, qui résonnaient en des échos formidables.

Après lui, c'était Théodore Botrel, le barde breton, qui, campé sur une chaise, près du buste de Richelieu, entonnait ce chant de guerre d'Armor : *Debout les Gars.*

Dès ce moment, l'allégresse régnante faisait place au délire, et ce n'était pas en vain que des agents de police venaient avec courtoisie nous rappeler au calme.

Henri Rochefort, s'approchant des envoyés de Lépine, leur dit gentiment, en réponse à leurs douces injonctions de tranquillité et de silence :

— Laissez-nous vivre dans notre exubérance.

S'adressant ensuite à nous tous, il reprit :

— Messieurs et chers amis, sommes-nous dans un temple religieux ou dans le théâtre des vieux pères *conscrits*?

« Alors ! On ne va pas pourtant nous imposer la sagesse comme on l'impose à des enfants dans

une école. Nous sommes en République, je crois ;
dans ce cas, la liberté doit exister pour tous les
Français, tant qu'il n'y a ni casse ni chambar-
dement. »

Ces paroles du célèbre polémiste furent applau-
dies chaleureusement ; puis la même animation
et le même chahut reprirent de plus belle.

Enfin vers les trois heures, l'appel des témoins
commença et le calme se fit ensuite.

Comme on vient de le voir, la préface de cette
première audience de la Haute-Cour, fut, pour
nous tous, une véritable fête amicale, qui se passa
fort gaiement dans les sévères galeries du Luxembourg.

Etant donné le nombre considérable de témoins, je ne fus appelé à faire ma déposition
que quelques jours plus tard.

Quand mon tour arriva, selon l'usage, le président m'interrogea sur mon état civil, et, lorsqu'il
me demanda quelle était ma profession, je répondis au milieu de l'hilarité générale :

— Comploteur !

Toute la presse ne manqua pas de souligner et
d'apprécier à sa valeur cette réponse ironique.

Parmi les questions banales qui me furent
posées, on me demanda, entre autres, si le baron
Christiani, qui avait giflé M. Loubet, à Auteuil,
n'était pas membre d'honneur du groupe patriotique dont j'étais le secrétaire.

Sur ma réponse négative, je défilais, tandis

qu'on introduisait Henri Rochefort, le plus amusant de tous les témoins à décharge.

Les débats de ce *Grrrand* complot durèrent deux mois, et se terminèrent par la condamnation et l'exil de quelques bons citoyens, coupables tout au plus du crime d'avoir exalté leur ardent patriotisme, à une heure sombre, où nos ministres, affolés par une crise politique, tremblaient pour leur portefeuille.

XXX

Mon voyage à Orange.— Notes rétrospectives.— La ville et ses monuments. — Le Théâtre antique et sa restauration. — Ses représentations triomphales.

Bâtie au pied de la montagne Saint-Eutrope, la ville d'Orange dort paisiblement dans le souvenir de sa gloire antique. Elle repose sous l'œil fauve d'un soleil provençal, au seuil d'une immense plaine, dont le sol fertile produit abondamment des fourrages, des céréales, des fruits, et surtout, du vin, que les gourmets se disputent.

Jadis cette vieille cité, qui, pendant longtemps, demeura le centre d'une importante principauté, fut ravagée et brûlée, d'abord, par les Barbares du Nord, et plus tard, par les sauvages cohortes de Raymond de Turenne et du fameux capitaine Hugues.

Le forum, les thermes, l'amphithéâtre, les remparts et les bastions, toutes ces merveilles de plusieurs siècles d'art furent anéanties par ces forcenés iconoclastes.

De tant de ruines, il resta quelques beaux débris, qui, de nos jours subsistent encore.

En première ligne, l'Arc de Triomphe, que beaucoup d'historiens attribuent, soit à l'époque d'Auguste, ou à Jules César, à Marius ou à Septime Sévère, alors que d'autres, se disant plus autorisés, en font une œuvre éclatante du IIe siècle. La face nord de ce monument porte, en relief, divers sujets de scènes épiques et orgiaques ; ces sujets sont surmontés de curieuses inscriptions latines d'une parfaite lisibilité.

Le Théâtre antique, avec sa façade géante, impose, étonne même le touriste. C'est un immense cirque en éventail, dont les gradins superposés, en rampe douce de quarante rangées circulaires, peuvent, avec le parterre spacieux, contenir quinze mille spectateurs.

Dans l'intérieur, modernisé par la construction de nouveaux gradins, en pur granit, l'on voit encore, ornées de la patine du temps, quelques colonnes de marbre, qui ont résisté aux assauts furieux des Vandales.

Le porphyre, qui fit les délices de l'art gréco-romain, trônait jadis dans ce glorieux temple, mais, maintenant, il n'existe qu'à l'état de souvenir, depuis que les Barbares ont passé par là.

Seule, parfois la pioche curieuse et cruelle du chercheur, en ressuscite quelques spécimens, au sein de cette terre aimée et bénie, dans laquelle dorment tant de vénérables reliques.

La ville, malgré ses onze mille habitants, a peu d'importance commerciale. Toute sa richesse réside, comme je l'ai dit, dans la fécondité de son sol. Elle jouit, en plus, d'un climat favorable à la

culture des primeurs, qui sont expédiés à Paris
et exportés en Angleterre.

Dans ses rues courtes, étroites et tortueuses, la
plupart des maisons sont restées telles qu'elles
étaient au xii° siècle ; quelques-unes, cependant,
d'après les données et la nature de leur construction, paraissent être contemporaines des monuments romains ou avoir été construites en des
périodes immédiatement consécutives.

Le provençal, la langue que l'on y parle, s'est
conservée purement latine et musicale, comme,
du reste, l'a recueillie le génial poète Mistral
dans ses immortels chefs-d'œuvre.

Pour en revenir au théâtre antique, il faut dire
que la scène fut, tout d'abord, consacrée pendant
trois siècles à des comédies burlesques, à des exer-
cices de jongleurs et d'acrobates, et, surtout, à des
combats de gladiateurs, qui étaient, en somme, les
vrais galas de l'époque.

Echappant à la rage des destructeurs, qui, en
1673, rasèrent le fameux château des princes
d'Orange, ce théâtre fut délaissé et négligé pendant deux siècles.

Plus tard, des savants, des archéologues, et, entre autres, l'architecte Caristie, s'en éprirent et
travaillèrent passionnément à sa restauration.

Dès 1869, MM. Ripert et Antony Réal essayè-
rent de le ressusciter de ses ruines, par une représentation sensationnelle de *Roméo et Juliette*, de
Vaccaï. Dès ce jour, Mistral, le dieu de la beauté,
le grand propagateur de l'art, s'y dévoua tout en-

tier et parvint, grâce à sa puissante initiative, à attirer l'attention des artistes et des lettrés sur la valeur et les avantages qu'offrait cette belle scène antique.

Cinq ans après, en 1874, à la suite de nouveaux aménagements, on y représenta *Le Chalet, Galatée* et *Norma,* qui obtinrent un beau succès.

Douze ans plus tard, Alexis Mouzin, avec sa sublime tragédie: *l'Empereur d'Arles,* compléta la consécration de ce théâtre, et son œuvre, magistralement interprétée par Sylvain et M⁻ Caristie-Martel, ne fut rien moins qu'un immense succès.

Par la suite, on y joua *Œdipe-Roi, l'Hymne à Apollon, le Pallas-Athénée* de Saint-Saëns, *les Erinnyes,* de Leconte de Lisle, et enfin *Antigone.*

En août 1902, on y donna deux représentations: l'une d'*Œdipe-Roi,* tragédie en cinq actes, de Sophocle, d'après la traduction de Jules Lacroix, et l'autre des *Phéniciennes,* tragédie en quatre actes, d'Euripide, traduite par Georges Rivollet.

A cette époque, effectuant un voyage dans le Midi, j'allais revoir Orange et assistais à ces solennités artistiques.

Grâce à une carte de presse, je fus placé en bonne compagnie, dans les premiers rangs de chaises du parterre, auprès des illustres critiques dramatiques et des notables rédacteurs des grands journaux de Paris.

Je me croyais perdu, moi simple homme d'équipe du P.-L.-M., humble poète méridional, de me trouver là, avec Henry Fouquier, du *Figaro*, Catulle-Mendès, du *Journal*, Lucien Munfield, de *l'Echo de Paris*, Emile Faguet, des *Débats*, Adolphe Brisson, des *Annales politiques et littéraires*, Charles Martel, de *l'Aurore*, Jean Finot, de *la Revue des Revues*, Paul Mariéton, de *la Revue Félibréenne*, et tant d'autres personnalités littéraires qu'avait attirés cette manifestation artistique.

Enfin l'œuvre de Sophocle commença.

Ah ! comme mon cœur tressaillait auprès de cette scène rustique, reconstituée en plein air, sous le même aspect qu'elle avait aux temps antiques, n'ayant pour principal décor qu'un ciel constellé d'étoiles, sous lequel l'harmonieuse voix humaine, déchirant le silence de la nuit, monte vers Dieu telle une ardente prière, ou un *hosanna* à sa gloire éternelle.

Mounet-Sully, dans *OEdipe*, fut admirable, sublime. Par moments, il s'agitait, se convulsait dans des spasmes d'horreur, et, avec des imprécations qui comprimaient la gorge et mettaient dans l'âme une émotion poignante, un trouble indéfini.

J'ai vu bien des représentations pathétiques et sensationnelles, mais jamais je n'ai si bien senti passer en moi le frisson puissant du génie de l'art, et le fluide magnétique de l'immortelle beauté, comme à cet instant.

Voilà jusqu'à quel point de divins artistes, tels que Mounet-Sully, Paul Mounet, Albert Lambert et Mmes Segond-Weber et Delvair, peuvent griser et ensorceler des créatures humaines.

Paul Mariéton, le savant érudit, le grand apôtre de l'esthétique, qui, depuis vingt-cinq ans, travaille sans relâche à faire revivre, par des fêtes annuelles, la splendeur de ce théâtre, trop longtemps délaissé, mérite d'être salué au nom de la Provence et d'être acclamé au nom de l'Art.

XXXI

Au commencement de l'année 1903, décidé à
rompre le trop long silence, qui s'était écoulé
depuis la disparition de *la Mandoline*, je me préparai à fonder, avec les quelques économies que
je possédais, une revue littéraire, sous le titre :
l'Audace.

Dès que mon vieil ami, Adolphe Pieyre, ancien
député, écrivain de talent, eut connaissance de
mon projet, il m'écrivit la belle lettre suivante,
que je suis heureux de reproduire ici, pour honorer sa mémoire et tirer d'un oubli immérité son
œuvre littéraire et historique :

« Mon cher ami,

« Décidément vous êtes un audacieux. Après
les charmants accents de *la Mandoline*, qui se sont
fait entendre pendant huit ans, voici que vous
annoncez la prochaine apparition de *l'Audace*. Ce-

titre fait rêver à Danton. Votre *Audace* se bornera, cependant, au rôle modeste de faire aimer les lettres, de soutenir les idées de décentralisation intellectuelle, d'encourager les jeunes et de contribuer à faire connaître notre Attique française, cette terre de Nîmes recouverte d'oliviers, de pins-parasols, de lauriers et d'asphodèles.

« Nul, mieux que vous, enfant de notre terroir, humble ouvrier de la terre, exilé à Paris et devenu employé de chemin de fer, mais resté toujours fidèle aux Muses, ne peut avoir plus d'autorité pour entreprendre une œuvre aussi digne d'encouragement et d'appui.

« Lorsque vous dirigiez *la Mandoline*, les princes de la littérature vous ont accordé toutes leurs sympathies, mais, je sais aussi, qu'un de ces princes vous a mis un jour *du sel dans vos fraises*, suivant la belle expression de Franklin, et combien cette rencontre d'un si mauvais *Passant* a été sensible à votre cœur d'*Humble* et de bon berger. Pardonnez-lui, mon cher Michel Pons ; le doux poète Coppée qui a été jadis si dur pour vous, est aujourd'hui le plus indulgent des hommes et n'est plus dur que pour les ennemis de la patrie. Vous vous êtes alors laissé abattre, mais voilà que maintenant vous vous relevez courageusement.

« Je suis persuadé qu'avec le titre *l'Audace* que vous avez adopté, tous vos amis littéraires s'attendent *à quelque chose*. Votre fidèle André Jayet doit être sur les dents et sera encore là à vos côtés dans cette nouvelle chevauchée.

« Ne nous donnez pas que des vers. Tout le monde n'est pas du Mont-Parnasse. La prose est un meilleur véhicule pour les idées. Défendez les idées de décentralisation, le provincialisme, c'est-à-dire les aspirations de la province, beaucoup trop considérée à Paris comme une quantité négligeable. Votre mentalité semble concourir à toutes ces formules bienfaisantes et salutaires.

« Il faut que le génie de chaque contrée se manifeste librement, ici et là, par la langue, par le costume, par les usages et les mœurs. Chaque région doit avoir, comme dit Charles Maurras, sa physionomie et son individualité.

« Le but que vous vous proposez me paraît assez élevé et assez patriotique pour exciter votre ambition pour le bien et votre ardent amour pour les Muses.

« En créant *l'Audace* vous aurez créé des sources nouvelles d'inspirations pour les talents naissants et vous aurez jeté les fondements d'une école d'esthétisme et de délivrance littéraire.

« Amicalement à vous,

ADOLPHE PIEYRE. »

Quelques semaines avant l'apparition du premier numéro, ayant soumis ce titre : *l'Audace* à plusieurs personnalités du monde des lettres, en sollicitant leurs impressions, ces efforts ne restèrent pas vains. Un certain nombre des maîtres contemporains applaudirent à ma tentative littéraire, et servirent ainsi de parrains à ma nouvelle revue, comme en témoignent, du reste, tous ces précieux documents :

    « Monsieur le Directeur,

    « *L'Audace !* j'aime ce titre pourvu qu'il soit bien entendu que l'audace ne signifie pas la déraison.

    « L'audace à s'affranchir des platitudes et des vulgarités et aussi des rêves creux et des niaiseries transcendantes.

    « L'audace qui est la véritable prudence dès qu'elle est inspirée par la raison et appuyée par la science.

    « L'audace qui animait le pinceau de Michel Ange, le peintre des *Sibylles* et des *Prophètes,* qui gonflait le cœur de Beethoven, le chantre des sublimes symphonies, qui exaltait Victor Hugo, escaladant les hauteurs de l'histoire, qui portait les strophes de Lamartine jusqu'aux sphères éthérées.

    « L'audace, la divinité tutélaire des vaillants et des dominateurs de la pensée et du cœur humain. Une vieillesse audacieuse est une belle rareté ; mais la jeunesse resterait-elle la jeunesse si elle ne l'était pas !

    « Je vous souhaite donc vent propice, sur la mer incertaine, où vous allez lancer votre jeune barque... *Ave.*

EMILE OLLIVIER. »

« Monsieur,

« Je vous prie de m'excuser si j'ai tardé un peu longtemps à répondre à la lettre que vous avez pris la peine de m'écrire au nom de la rédaction de *l'Audace*. Certes l'audace est une belle qualité, et elle est bien naturelle à la jeunesse. Toutefois, l'âge mûr, pour ne pas dire la vieillesse, apprend à s'en méfier un peu et n'encourage pas l'audace sans savoir comment elle se produira, et sous quelle forme.

« C'est un peu mon cas. Cependant, j'ai tenu à vous remercier de m'avoir écrit. Il faut toujours remercier les jeunes gens de ne pas témoigner trop de dédain à ceux qui les ont précédés dans la vie, et de faire quelques cas de leurs encouragements.

« Recevez, monsieur, l'assurance de mes sentiments empressés.

Comte D'HAUSSONVILLE. »

« Mes chers Confrères,

« Vous avez choisi un beau titre de revue littéraire et artistique. Il a l'éclat de la jeunesse qui vous appartient ; il éveille la pensée de gloire et de danger. L'audace conduit loin et haut ; mais a-t-elle toujours le temps de n'être point particulièrement injuste ?

« Si c'est un conseil que vous me faites l'honneur de me demander : ne secouez pas trop les hommes ; remuez les idées qui sont insensibles et qui ont les réparations de l'éternité.

« Veuillez, mes chers confrères, agréer l'expression de mes vœux confraternels,

PAUL HERVIEU. »

« Mon cher Confrère,

« Veuillez croire à toute ma sympathie, et à l'intérêt avec lequel je suivrai votre audacieuse tentative. Je vous serre bien cordialement la main.

EDMOND ROSTAND. »

« Mon cher Monsieur,

« Je m'excuse auprès de vous de ne pouvoir, faute de temps, vous envoyer quelques mots pour votre revue *l'Audace*. Mais croyez que je suis heureux d'adresser mes meilleures sympathies et mes plus cordiaux souhaits de réussite et bonne chance pour votre entreprise.

« Agréez, cher Monsieur, mes sincères salutations.

JULES LEMAÎTRE. »

« Mon cher Confrère,

« Vous me demandez quelques mots pour mettre en tête de votre nouvelle revue littéraire *l'Audace*.

« Ce titre exprime ce qui manque le plus à tous les défenseurs de la tradition et de l'idée française. C'est par l'audace enfin qu'on triomphe et qu'on assure la survivance d'une race.

« Je vous souhaite bon succès, bon courage. Avec de l'indépendance et de la sincérité, il faut une triple dose d'énergie.

LÉON DAUDET. »

« Cher Confrère,

« N'étant plus jeune, j'ai donc l'amour de la jeunesse et de l'audace. La témérité même n'est pas pour me déplaire.

« Seuls les audacieux rompant avec les dogmes et les préjugés crient les vérités de demain. Point de respect pour ce qui n'a de respectable que sa vétusté, pas de fétiches, pas d'axiomes intangibles.

« Faites honneur à votre titre, débarrassez-vous du respect et du hiérarchisme, en littérature, en art, en toutes choses et vous ferez œuvre utile pour l'avenir.

« Je suis avec vous de tout cœur et vous envoie mes meilleurs encouragements. Ne m'appelez pas cher maître, ce mot signifie vieil imbécile. Nommez-moi tout simplement :
« Votre ami,

JULES LERMINA. »

« Mon cher Confrère,

« L'Audace, c'est un beau titre que vous avez choisi là pour votre revue. Vous ne l'auriez point choisi si vous n'étiez pas des jeunes. Audace et jeunesse vont bien ensemble. Ce qui est un peu difficile par exemple c'est d'être à la fois des sages et des audacieux.

« Mais ne soyez pas trop sages, allez de l'avant pour le plaisir d'ennuyer ceux qui s'immobilisent dans le vieux préjugé politique, artistique ou social et ce sera encore de la sagesse sous une autre forme.

« Bien à vous,

CLOVIS HUGUES. »

« Monsieur,

« En réponse à votre intéressante lettre m'annonçant la prochaine apparition de *l'Audace,* je m'empresse de souhaiter long et brillant succès à cette nouvelle revue, et je ne doute pas qu'elle justifie pleinement son nom dans le monde de la littérature et de l'art.

JULES VERNE. »

« Mon cher Michel Pons,

« L'*Audaces fortuna juvat* a de tout temps été la devise des grands ambitieux, depuis le premier César jusqu'aux deux Bonaparte. Au cri sublime de Danton, qui mit le feu au ventre de la Convention, Royer-Collard substitua, en des temps forcément assagis, le cri trois fois réitéré de justice, revendiqué sans cesse et de plus en plus par l'humanité opprimée. Je ne comprends d'autre *audace* que celle du bien, du vrai et du juste, à la défense desquels doivent s'employer les vrais courages.

« La revue libre de littérature et d'art, que vous entreprenez de fonder avec de vaillants amis, ne faillira pas à sa tâche, et elle aura l'estime et la sympathie de tous les penseurs qui travaillent au relèvement de la patrie par le relèvement de la patrie intellectuelle, qui leur est commune.

« Cordialement à vous,

JULES TROUBAT. »

Une telle avalanche de précieux encouragements devait produire de bons effets. Aussi, *l'Audace* eut-elle une apparition triomphale.

Malheureusement trois années après, malgré mes efforts et mes sacrifices, malgré sa tenue littéraire, ses illustrations en couleurs, et ses dessins signés : Albert Guillaume, Benjamin Rabier, elle subissait le sort fatal de tant d'autres publications de jeunes ; elle disparaissait avec mes derniers sous.

XXXII

Après avoir narré brièvement ma jeunesse
malheureuse, les rudes efforts que je fis pour
m'instruire, mes débuts dans les lettres, mes
voyages,et mes relations dans le monde littéraire,
il faut que j'arrive à la dernière étape de ce
livre, c'est-à-dire au moment de ma candidature
prolétarienne à l'Académie française.

Cet acte prémédité et révolutionnaire, se produisit dans des conditions à tel point favorables
et obtint un tel succès de curiosité, que la plupart des membres de la docte assemblée se mon-
trèrent accueillants et sympathiques à mon audacieux geste démocratique.

Comment et pourquoi posais-je ma candidature
ouvrière à l'Institut ? La lettre suivante que
j'adressai aux quarante Immortels explique suffisamment mon idée, pour que je me dispense de
l'orner d'un trop long préambule :

Paris, 5 février 1909.

« Mon cher Maître,

« Fils de ce généreux peuple de France, au sein duquel la démocratie a pris son essor, j'ai l'honneur et le courage, moi, humble et modeste écrivain, de présenter ma candidature ouvrière au fauteuil laissé vacant par la mort du doux et vénéré poète : François Coppée.

« Et quel est l'homme sur terre — fût-il le Dieu des Lettres et des Arts — qui aurait l'audace de proclamer à l'Humanité tout entière que cet acte est insensé, que ce rêve est une chimère, quand on voit dans le domaine de la politique des ouvriers députés, sénateurs et même ministres?

« L'immense trouée que la classe prolétarienne a faite en pénétrant résolument dans les grandes assemblées délibérantes, prouve jusqu'à l'évidence, que l'élément plébéien peut devenir à cette heure d'évolution naturelle, l'auxiliaire, le collaborateur direct des législateurs et des savants.

« Est-ce qu'un ouvrier courageux, conscient et instruit n'a pas une volonté, une intelligence et un cœur comme tous les autres hommes ?

« En naissant, la nature a-t-elle été pour lui une marâtre ? Ne lui a-t-elle pas prodigué, à lui de même qu'à ses semblables, ses bienfaits, ses inspirations et ses dons divins?

« La flamme sacrée de l'éloquence, la suave harmonie de la musique, le charme troublant de la Beauté, toutes ces perles éblouissantes, toutes ces

fleurs précieuses, tous ces hymnes d'allégresse et
de gloire de la Science, de l'Art et du Génie, ne
trouvent-ils pas dans son âme, comme dans l'âme
de toute autre créature, un écho vibrant, un tres-
saillement de joie sublime ?

« Donc, puisqu'il est avéré que les douces sensations et les nobles enthousiasmes du cœur et
du cerveau ne peuvent être l'apanage exclusif des
grands et des heureux de la terre, il est manifeste qu'à cette époque de progrès et de trans-
formation, les petits et les humbles doivent avoir
leur part de travail et d'honneur dans le Temple
même de notre antique langue.

« D'ailleurs, si l'on étudie de plus près ce délicat problème définissant mathématiquement le
rôle impulsif de certains êtres en ce monde, on
voit que l'ouvrier dévoué et vaillant a toujours
apporté un concours très actif dans l'édification
de nos chefs-d'œuvre d'architecture, et que cette
action énergique, unie aux éclairs de son intelligence, ont de tout temps fait de lui un véritable
artiste.

« La preuve irréfutable en est que le plus illustre des architectes a beau tracer un plan superbe,
trouver une idée merveilleuse, concevoir un projet génial, lui seul, restant inerte dans le domaine
scientifique, ne peut rien réaliser matériellement
sans l'aide efficace de l'ouvrier, qui est, en somme,
l'agent indispensable et l'interprète fidèle de l'Art
rêvé, de la Beauté en perspective...

« Du reste, regardons autour de nous, et nous

constaterons ensemble cette collaboration intime du savant et de l'ouvrier, démontrant que les splendides palais modernes, les magnifiques temples et tous les précieux monuments séculaires qui font la gigantesque Gloire de la France et l'admiration du monde entier, sont, en quelque sorte, l'œuvre morale du génie des grands et l'œuvre matérielle du travail des petits.

« Si, par la pensée, traversant la pénombre des siècles, nous nous arrêtons à l'aurore même de la civilisation, nous verrons que les Pyramides d'Egypte, les Cent portes de Thèbes, le Temple aux colonnes d'or de Sion et plus tard les édifices grandioses couronnant l'Acropole d'Athènes et dominant le Forum de Rome, sont encore tout imprégnés de la sueur du peuple.

« Longtemps après, au moyen âge, les serfs et les parias de la Glèbe n'ont-ils pas contribué puissamment à accroître, à conserver et à défendre la richesse de la vieille France de nos aïeux ?

« La foudroyante Révolution Française aurait-elle donc été faite sans le peuple ?

« Lodi, Arcole, Rivoli, Iéna, Wagram, Austerlitz, Friedland et Marengo, tous ces noms glorieux gravés en lettres d'or et de sang sur notre drapeau, n'est-ce pas là encore l'œuvre du peuple et l'incarnation de sa race ?

« Sans l'explosion de cet héroïsme surhumain, Napoléon, que Hugo appelait « *Ce Grand Bûcheron de l'Europe* », aurait-il pu promener à travers le monde ses aigles triomphantes et faire prosterner devant ses armées victorieuses tous les souverains de l'Univers ?

« Par cela, il est bien prouvé que le grand peuple de France produit et augmente la fortune publique, donne sa vie pour la défense du territoire et collabore de toutes ses forces à la réalisation de l'Art.

« Il serait donc de toute justice, qu'à cette heure d'épanouissement démocratique un enfant du peuple eût le privilège de pénétrer dans ce sanctuaire intellectuel, dont vous êtes les dieux vénérés.

« Je me présente plein de confiance, espérant que vous tous, poètes, historiens, orateurs, hommes d'Etat et savants de hauts mérites, qui êtes comme l'émanation suprême des Lettres, des Sciences et des Arts, vous qui symbolisez la couronne de gloire littéraire de notre Grande Patrie Française, — espérant, dis-je ! que vos âmes élevées planeront en cette circonstance au-dessus des considérations mesquines et des préjugés surannés, et que, vous accueillerez avec empressement l'homme du peuple qui vient à vous courageusement et sans orgueil.

« Mais, si parfois un sentiment contraire gagnait vos cœurs, la justice de ma cause n'en subsisterait pas moins, et dussé-je consacrer ma vie entière à son triomphe, je continuerais quand même à persévérer et à revendiquer ce droit imprescriptible.

MICHEL PONS. »

Au reçu de cette lettre, plusieurs académiciens me remercièrent en m'envoyant leur carte, avec quelques mots aimables. Mais les deux Immortels qui s'intéressèrent le plus à ma candidature, furent M. Maurice Barrès dont on lira plus loin la missive et M. Gabriel Hanotaux, qui, se trouvant alors en villégiature sur la Côte d'Azur, me fit l'honneur de m'adresser les lignes suivantes :

Cabbé Roquebrune, 10 février 1909.

« Monsieur et Confrère,

« N'étant pas à Paris en ce moment, je ne pourrais recevoir actuellement votre visite de candidature à l'Académie française. Mais s'il vous plaisait de venir vous entretenir avec moi après ma rentrée, qui aura lieu vers le début du mois prochain, il me serait très agréable de prendre un rendez-vous.

« Veuillez agréer, Monsieur, l'expression de toute ma considération.

GABRIEL HANOTAUX. »

Ces encouragements précieux, venant de deux illustres académiciens, devaient trouver forcément une répercussion considérable dans la presse parisienne, comme en témoigne le chapitre suivant.

XXXIII

**Ma candidature et la Presse. — Paul Ginisty, Sergines,
Gustave Kahn et Jean Bernard approuvent mon *Geste*.
— Fantaisistes et humoristes.**

Peu de temps après l'envoi de ma lettre aux
membres de l'Académie française, la presse commença à s'occuper de ma candidature.

Le Matin, le premier journal qui en parla, publia mon portrait accompagné d'un très joli article de son excellent critique d'art, Pascal Forthuny, aujourd'hui rédacteur à *Excelsior*.

Puis, tous les autres journaux arrivèrent à la
rescousse et discutèrent plus ou moins sérieusement mes revendications académiques.

Dans *le Gaulois*, Raymond Lécuyer, sous le
titre : *Poésie et Négoce*, écrivit une chronique de
deux colonnes. *Le Temps* me fit prendre une longue interview (fidèlement reproduite) par son
collaborateur Joseph Bois.

Le Figaro, à trois jours de distance, me consacra deux articles, dont l'un était signé : D... et
l'autre : Louis Latzarus. Paul Ginisty, dans la « Revue de la semaine » du *Petit Parisien* s'occupa de

ma candidature ouvrière à l'Académie, et comme
conclusion, il disait dans sa chronique :

« C'est, à tout prendre, un hommage à l'Académie que cette ambition, venant à l'esprit d'un
de ceux qui ne sont pas préparés à cet honneur
par toute une vie menée dans ce but d'être ac-
cueilli par elle. Cela la modernise en quelque
sorte ; cela lui donne un petit air de popularité.
Il est de grandes dames qui ne dédaignent pas le
compliment d'un humble passant.

« Au demeurant, il y eut de bons poètes ouvriers, sentant en eux une fraîche et sincère inspiration, chantant d'instinct, et, tout en écrivant des
vers, ayant la sagesse de ne pas quitter leur
métier.

« Les noms de Jasmin, le coiffeur, et de Reboul,
le boulanger de Nîmes, que venait voir Lamartine,
reviennent toujours à la mémoire, mais combien
d'autres artisans ont eu, un moment au moins, un
petit coin dans le Parnasse !

« M. Michel Pons a eu plus d'audace que tous
ses humbles devanciers ; il a osé frapper à la porte
de l'Académie, et cet acte ne paraît pas si ridicule. »

Jean Bernard, dans une curieuse chronique de
Gil Blas, reconnut le bien-fondé de ma candidature. Il s'exprimait en ces termes :

« En somme, pourquoi un ouvrier rimant de
beaux vers ne pourrait-il point, en notre démocratie, prendre place près des beaux messieurs
de l'Institut, dont quelques-uns, sans vouloir en

médire, sont plus riches de titres nobiliaires et de gros sous que de réels talents.

« Les ouvriers poètes forment après tout une élite qui n'est pas à dédaigner. Ils sont nombreux, dans notre histoire, les humbles dont les cœurs palpitèrent sous l'étreinte de l'éternelle poésie. Aucun n'avait encore songé à l'Académie ; Michel Pons a eu plus d'audace. C'est un pionnier. S'il ne réussit pas à pénétrer sous la coupole et à revêtir l'habit vert, il aura néanmoins jeté les premiers tracés d'une route par laquelle beaucoup d'autres passeront peut-être. »

Dans *l'Action*, Gustave Kahn publia un magistral article qui se terminait ainsi :

« A vrai dire, la justice humaine est très relative. Elle est insuffisante vis-à-vis de M. Michel Pons. Ce lettré a écrit quelques livres qui ne sont pas à dédaigner. M. Pons juge que ces livres devraient lui valoir l'Académie, et l'Académie se récuse. Elle n'a point pour M. Pons des beaux yeux d'accueil. Elle fripe sa moue, en considérant les faibles titres de M. Pons. Et pourtant si l'on relisait tous les livres de vers qu'ont signés ceux qui furent des Quarante, des *Pariétaires* d'Émile Augier, aux *Poèmes de la mer*, de Joseph Autran, si l'on remontait à Boisrobert, à Pomairols, pour considérer cycliquement tout cet effort lyrique, on trouverait beaucoup de bouquins qui ne vaudraient pas les œuvres de Pons. »

Sous le titre « Propos du Lanternier », *ia Lanterne* fit des réflexions fort judicieuses :

« Au fait, disait-elle, pourquoi M. Michel Pons ne ferait pas partie de l'Académie ? J'ai lu de ses vers ; évidemment, il y en a de plus beaux dans la *Légende des Siècles* ; mais il y en a de plus laids dans l'œuvre de Scribe. Et croyez-vous donc que l'Académie n'a jamais admis dans son sein que des poètes aussi forts que Corneille, ou des prosateurs aussi fins que Renan ? Ah ! là, là, là... Qui donc se souvient de Foncemagne, de Ballesdens, de Gondrin d'Antin, de Féletz, de Gédoyn, de Terrasson ? Et qui oserait, en connaissance de cause, proclamer la supériorité des écrits de du Resnel, ou de Danchet, ou de Faret, ou de Huet, sur ceux de M. Michel Pons !

« Pourtant, ils en furent de l'Académie, tous ces obscurs, qu'on ignora toujours !

Sergines, l'alerte Sergines dans ses brillants « Echos de Paris » des *Annales politiques et littéraires*, me fit les honneurs de ces lignes :

« Michel Pons est candidat à l'Académie française.

« Michel Pons est un poète. Il a apporté du Midi ses goûts parnassiens. La vieille maison de l'Institut lui paraît mériter de se mettre à la mode du jour : un ouvrier, pourquoi pas ? Il connaît la vie, il n'a point d'illusions.

Et l'homme grouille et vit dans sa scélératesse.

« Mais il sait, en homme heureux, le secret qui lui permet de poursuivre son rêve... Il a publié plusieurs volumes de poésies, une tragédie, quel-

ques essais de critique et d'histoire. C'est un
programme qu'il ajoute à ce passé littéraire, et
sa candidature académique n'est pas, pour lui,
une vaine occasion de gloriole. Il s'agit de rendre justice « à l'ouvrier dévoué et vaillant qui a
apporté son concours dans l'édification des chefs-
d'œuvre d'architecture ».

« Il y eut d'autres ouvriers que toucha la grâce
de la Muse. Hégésippe Moreau n'était-il pas ty-
pographe ? Lamartine et Alexandre Dumas lan-
cèrent, vers 1835, le « boulanger de Nîmes », Jean
Reboul, dont ils firent la renommée, en même
temps qu'ils lui donnaient une foi peut-être abu-
sée en son talent. C'est lui qui s'adressait à la
Mort :

Dans le fond du sépulcre où tu me fais descendre,
Mes hymnes donneront ma parole à ma cendre !

« J'en passe et des meilleurs... Et je souhaite
que M. Michel Pons brille dans leur phalange
même s'il ne décroche pas la timbale académique ! »

J'arrête là ces trop longues citations et signale,
en passant, les articles humoristiques ou fantaisistes que me consacrèrent : MM. René de Beaucha-
nois, du *Gil Blas ;* Fernand Divoire, de *l'Intransi-
geant ;* d'Antin, de *la Liberté ;* Henri Pellier, de
la Petite République ; Flammèche, de *l'Action ;*
Raymond Figeac, de *l'Humanité ;* De Pawlowski,
de *Comœdia ;* Yves Plessis, de *Paris-Journal ;*

A.-L. Laquerrière, du *Monde Théâtral ;* Casa, de *la Vie Parisienne ;* Pick, de *Fantasio ;* la Mouche du Coche, de *la Presse ;* Gérard Baüer, de *l'Echo de Paris ;* Louis Hoffmann, de *l'Eclair ;* Edmond Toucas-Massillon, du *Cri de Paris ;* et tant d'autres spirituels journalistes qu'il serait trop long d'énumérer.

Après les journaux de Paris, ceux de province suivirent le mouvement, tandis qu'à son tour toute la presse européenne et américaine, appréciait diversement ma candidature démocratique.

Pendant que les journaux du monde entier jasaient ainsi, à tort et à travers, sur l'acte audacieux que je venais d'accomplir, en faveur de mes idées prolétariennes, ferme et résolu dans mon programme, je commençais avec succès mes visites académiques.

XXXIV

Chez Maurice Barrès

« Croire, c'est la santé morale du cerveau. »
MAURICE BARRÈS.

Autour de la Beauté. — L'homme et l'œuvre. — Doctrinaire et Poète. — En attendant le maître. — Une lettre de Barrès. — Il me promet sa voix. — Réflexions d'un grand penseur.

Quelques rares esprits, aveugles ou inconscients, lésinent et hésitent à reconnaître dans Maurice Barrès le profond et délicat poète qu'il est, en son âme exaltée et sentimentale.

Pourquoi? Parce que ces hommes superficiels, étant inaptes à saisir l'affinité de sa méthode et de son génie, se trouvent conséquemment réfractaires à la compréhension totale de son œuvre sublime.

La beauté n'électrise, ne grise le cœur par l'action magnétique du fluide puissant du sentiment, qu'à condition que ce sentiment soit, d'abord, inné dans le cœur lui-même de qui en est ému.

Ceci revient à dire que l'on ne saurait découvrir ni apprécier la beauté pure, qu'autant que

l'on est doué intimement de la souveraine per-
-ception esthétique, qui seule, dans toutes les sen-
-sations de l'âme et sur les autres facultés de
l'être, produit une secousse directe et forte ; se-
-cousse dont les effets révèlent, proclament à la
raison le merveilleux miracle du *Beau*.

Car, de tous les dons infimes ou immenses que la
Nature nous fait, à notre naissance, il en est qui
nous prédisposent ou nous rendent incapables de
connaître la réalité troublante de la beauté éternelle.

Là, est l'explication rationnelle, et par quoi se
justifie qu'il existe des êtres humains au cœur de
granit, qui restent irréductiblement insensibles
aux voluptés métaphysiques.

Devant les jérémiades de ces malheureux, Barrès, toujours bon et toujours indulgent — même
pour ses rares détracteurs — poursuit glorieusement son chemin, parcourant la voie sentimentale
qu'il se trace par l'exaltation de sa pensée divine.

Ses œuvres, ou pour mieux dire, ses chefs-d'œuvre, ont sans cesse vogué triomphalement au-des-
-sus des flots océaniens de la littérature contemporaine, bravant sans danger les écueils de la plus
déloyale critique.

Tout d'abord, quand ses premiers livres paru
rent, il y eut — qui ne s'en souvient ? — dans le
monde littéraire une heure de surprise et d'éton-
nement sur sa religion du *Moi*. Mais bientôt ce
pur analyste psychologique fut goûté et apprécié
par l'élite intellectuelle.

La jeunesse française, la première, secouée par l'étrange frisson d'un art encore inconnu, réveillant ses forces intérieures, donna le signal des acclamations enthousiastes vers ce *producteur*, ce *créateur* d'énergie, qui venait de découvrir, dans le monde de son âme, le génie et la beauté.

Puis, ce furent tous les esthètes et tous les héros de notre langue, qui saluèrent l'illustre auteur d'un *Homme libre* et des *Amitiés françaises* comme le rénovateur d'une réconfortante philosophie idéaliste et bien française.

Plus tard, *les Déracinés, le Voyage de Sparte, le Jardin de Bérénice*, confirmèrent la conception supérieure de son *moi* qui maintenant plus que jamais, en l'intimité de sa pensée, prenait une expansion intégrale dans l'éthique de son romantisme passionné.

Enfin le mondial succès de son dernier livre : *Colette Baudoche* fut la démonstration irréfragable des ressources et des richesses inouïes de son cerveau fécond, digne élaborateur de son lyrique sentimentalisme.

Amant enflammé de la terre natale, attaché fermement aux séculaires traditions provinciales, évocateur éloquent du culte de nos aïeux, Barrès, comme un barde antique, charme, console et réconforte par la magie de ses évocations ancestrales, les foules croyantes et païennes.

De nos jours, alors que tant d'écrivains, obéissant à des instincts pervers, s'obstinent à exalter les passions, à flatter les vices, à corrompre et à dévoyer la jeunesse par un mortel sensualisme, il est doux, il est précieux de rencontrer un tel semeur d'idées grandes et saines, qui, dans le brouhaha inexorable des turpitudes intellectuelles modernes, oriente et élève l'âme française vers les claires régions d'un idéalisme généreux. Et cet idéalisme est, sans conteste, le réel et salutaire affluent des croyances régénératrices ; forces agissantes et souveraines pour les faibles qui luttent dans la vie.

Voilà l'homme, tel est le doctrinaire immuable que j'ai eu l'honneur et le bonheur d'approcher plusieurs fois au cours de mes visites académiques.

A peine avait-il reçu ma lettre de candidature, qu'avec un empressement digne de son cœur affectueux et sûr, il m'écrivait les lignes suivantes :

« Mon cher Monsieur Pons,

« Elle est intéressante et curieuse votre lettre de candidature ouvrière à l'Académie française.

« Venez donc me serrer la main un mercredi matin, nous causerons ; ou bien j'irai vous voir.

« Cordialement à vous. »

« MAURICE BARRÈS. »

Quelques jours après la réception de cette lettre, je me rendais auprès du maître en sa villa du boulevard Maillot. Une villa simple et poétique, effacée et recueillie sous les frais ombrages qu'avril se plaît à déployer quand le printemps commande.

Lorsque j'arrive, on me dit que Barrès n'est pas là, mais que, étant sorti pour une heure, il ne tardera pas à rentrer.

En attendant, sous la conduite de l'un de ses secrétaires, M. Beauvillard, je prends des notes.

Dans le vestibule, à droite, je ne manque pas de remarquer, sertie dans un cadre, une jolie caricature allégorique représentant tous les chefs du fameux complot de 1899. Complot auquel j'ai moi-même été mêlé. Cette œuvre étincelante de bon goût et d'esprit, est signée Gyp, pseudonyme que tous les lettrés savent appartenir à Mme la comtesse de Mirabeau-Martel.

Montant l'escalier, je m'arrête un instant sur un palier et je contemple avec plaisir, d'un côté et de l'autre, se faisant gracieusement face, deux beaux portraits à l'huile signé : Jacques Blanche, dans lesquels je reconnais facilement M. et Mme Barrès.

Mais, me voici au premier étage, et tout de suite je pénètre dans le cabinet du maître : Salle haute, spacieuse et bien ajourée par de grandes fenêtres qu'ombrage le feuillage d'arbres robustes, peuplés d'oiseaux jaseurs. Des meubles de style l'ornent majestueusement. Des théories de statuettes antiques, les curiosités rares, les plus riches bibelots, toutes les collections d'objets précieux, que possède l'illustre académicien, sont enfermées soigneusement et rangées avec goût dans les bas rayons de sa bibliothèque monumentale. Ce magnifique meuble dont le fronton moderne s'harmonise admirablement avec la sublime *carcasse* entièrement décorée de ravissantes sculptures du xvii° siècle, fut apporté, par le maître, de sa douce et belle terre lorraine.

En face de cette bibliothèque, qui renferme tous les trésors de notre langue, se trouve la longue et curieuse table de travail sur laquelle Barrès médite, façonne et crée des chefs-d'œuvre littéraires.

Derrière lui, à la portée de la main, la *Grande Encyclopédie* voisine avec les œuvres complètes de Rousseau, d'Auguste Comte, de Stendhal, de Renan, d'Anatole France, de Charles Maurras.

Et tandis que j'admire, dans le cabinet de travail l'unique et merveilleuse toile, représentant Napoléon Iᵉʳ, qui, en tenue militaire semble braver la sévérité du lieu, Barrès arrive et me serre la main :

— Bonjour, Pons, me dit-il, je suis heureux de vous voir. Savez-vous que votre lettre ne manque pas d'originalité et d'intérêt ; je l'ai lue avec plaisir.

« Votre idée de candidature ouvrière à l'Académie ne peut effaroucher personne. Nous vivons dans une époque fiévreuse, où fatalement tout se transforme et évolue dans l'ordre social. Pourquoi un homme du peuple n'aspirerait-il pas à venir vers nous avec la ferme intention d'apporter sa collaboration généreuse ? C'est son droit, c'est son devoir d'agir et de s'élever dans l'harmonie des lettres, des sciences et des arts. Comme tous les êtres prédestinés l'homme du peuple, selon ses mérites et son intelligence, doit réclamer la prérogative de s'unir à l'immense pléiade de nos illustrations contemporaines, — politiques ou littéraires, — pour travailler au bien-être des masses ou à la gloire de notre langue.

« Le peuple, c'est le puissant corroboratif de la nation elle-même ; c'est sa richesse, sa défense, son incarnation, en un mot sa raison d'être.

« Du reste, si l'on veut avoir la confirmation de ce raisonnement logique, on n'a qu'à consulter les annales de notre histoire et l'on verra qu'à travers les âges et à chaque étape constitutive de notre patrie, le peuple, dirigé et secondé par nos anciens Rois, a augmenté progressivement le patrimoine national et a fait la France dans son intégralité.

« Il n'est aucun pays du monde, dont le peuple n'égale la suprématie du nôtre et ne possède à un degré si élevé et si profond, ce noble attachement au sol qui l'a vu naître, cet amour passionné des antiques croyances, ce culte sublime des vieilles traditions françaises. »

Sur ces paroles éloquentes, le maître se recueillit un instant, et, ramenant la conversation sur ma candidature académique, il me fait préciser le fauteuil que je prétends briguer. Comme je lui dis que c'est celui de François Coppée, il médite une seconde, puis il conclut avec cette sincérité qui lui est naturelle :

— Vous êtes un humble et charmant poète, je

ferai quelque chose pour vous ; à tous les points de vue vous êtes méritant et digne d'intérêt. En témoignage de l'estime que je vous porte, je me ferai un plaisir de vous donner ma voix. »

L'heure s'avançait. Dans le vestibule, de nouveaux visiteurs attendaient leur tour. Il était temps de quitter le maître.

Fier de cet accueil chaleureux, je me retirai avec cette douce et forte impression que l'on a des rares grands hommes, qui savent par un geste noble jeter un rayon de leur gloire sur les infiniment petits.

XXXV

Chez Jean Richepin

Le Titan de notre langue. — Ses *peintures* géniales. — Auprès du maître. — L'éloge du peuple. — Paroles d'encouragement.

Ah ! le beau jour ! Quelle joie immense j'ai éprouvée, d'être reçu avec tant d'empressement par Richepin, l'une des figures les plus remarquables de la littérature contemporaine.

Son génie dérive et s'alimente aux sources fécondantes que furent les plus illustres écrivains, qui jadis forgèrent notre langue et la dotèrent de tant d'œuvres immortelles.

Toutes les expressions, toutes les gammes, toutes les couleurs et toutes les harmonies de nos grands auteurs, non seulement retrouvent dans ses livres audacieux et sublimes, un écho sonore, mais revivent avec plus de charme et de vigueur sous la véhémence de sa plume à la fois païenne et divine.

Je ne connais pas de poètes qui aient, autant que lui, subi la violente fascination et la puissante influence des meilleurs maîtres lyriques et tragiques de l'époque gréco-latine.

Partout, dans son œuvre idéale, la majesté de ses images cruelles et fulgurantes, vous éblouit et vous trouble, tellement les contrastes hardis se heurtent, les antithèses vigoureuses se combattent dans cette frénétique course de la pensée humaine.

Si l'on parcourt ses merveilleux livres et que l'on essaye, après analyse, d'en tirer une conclusion, on est forcé de reconnaître que tant de chefs-d'œuvre sont l'orgueil et la gloire de notre littérature romantique et classique.

Révolté contre les mœurs aveulies d'une certaine bourgeoisie égoïste, insurgé contre les sourdes souffrances des humbles et contre la misère rouge des loqueteux, Richepin, comme un vrai Esculape, met à nu les plaies cancéreuses du paupérisme et semble, de sa voix douloureuse, implorer les grands docteurs de l'Humanité, d'apporter, non un palliatif provisoire, mais un réactif radical et souverain à cette mortelle gangrène sociale.

Si l'on suit ce titan des lettres françaises, à travers les irrésistibles manifestations de son génie, l'on voit bientôt, comment dans des pages superbes il excelle et se plaît à décrire avec une troublante réalité les angoisses, les cris de douleur, des chemineaux et des *trimards*, — ces épaves d'une société impitoyable.

Sa plume étincelante et barbare est, je le ré-

pète, un sanglant scalpel qui fouille méthodique-
ment, sans pitié, le tréfonds de nos entrailles. Ses
vers vibrants et cyniques claquent à l'oreille, pareils à des coups de feu dans la nuit. Ses expressions cruelles et justes font flèche et pénètrent
au cœur comme le poignard d'un apache.

J'arrive villa Guibert, devant un haut grillage
tout enguirlandé de lierre et d'autres plantes
grimpantes. Je sonne et m'annonce. Quelques instants après, j'entends la voix sonore du maître
disant : *Faites monter de suite*. Je gravis alors
prestement le riche escalier en chêne, lequel me
conduit au deuxième étage, où Jean Richepin sur
la porte de son cabinet de travail m'attend déjà.

Après mes salutations, l'illustre auteur des
Blasphèmes me serre la main, m'offre un siège et
s'asseyant près de moi me tient aimablement les
propos suivants :

— J'approuve, dit-il, votre geste. Comme l'a
si bien dit mon éminent collègue M. de Mun, avec
lequel je parlais de vous, « et pourquoi n'accueil-
lerait-on pas la candidature d'un ouvrier ? Pourquoi l'Académie fermerait-elle sa porte au peuple ? »

« Du reste, de même que toutes les grandes ins-
titutions françaises, l'Académie a, elle aussi, très
largement évolué ; ma candidature eût été impossible il y a vingt ans et cependant, par suite de
cette heureuse évolution intellectuelle, elle s'est
réalisée. Elle s'est réalisée grâce au concours précieux de mon bon ami Coppée, du comte de Mun,

du cardinal Mathieu et de tant d'autres immortels dont les idées sont aux antipodes des miennes. Ceux-là non seulement n'ont pas hésité à voter pour moi, mais ont entraîné leurs illustres collègues à faire bloc sur mon nom.

« Point n'est besoin de vous dire que je suis fier de leurs suffrages, qui prouvent qu'aujourd'hui, à l'Académie, on sait encore se placer à un point de vue purement littéraire, sans se préoccuper des tendances politiques ou des questions d'origine, auxquelles, autrefois, on attachait tant d'importance.

« M. de Mun aime les ouvriers ; mes livres, ma vie passée sont la preuve que je les aime aussi. Nous ne les aimons peut-être pas tous deux de la même manière, mais nous les aimons avec autant d'amour l'un que l'autre ; et croyez que nous serons toujours les premiers à louer et à encourager leurs sincères efforts.

« On ne s'occupera jamais trop des gagne-petits, des paysans, des malheureux, enfin de tous ceux qui personnifient le peuple.

« Le peuple, c'est l'étonnante armée des héros du travail et de l'honneur, à laquelle toute nation doit sa prospérité, son prestige et sa gloire.

« Le peuple, c'est l'éternelle lignée de nos vénérés ancêtres, qui, dans les ténèbres des âges fécondèrent le sol et surent trouver en ses entrailles la sève et le secret de leur existence, par des efforts surhumains.

« Le peuple, mais c'est lui-même qui fit la

France, en défendant le territoire, en produisan
la richesse, en créant la langue et en réalisan
l'art conçu par le génie de ses dieux. »

Le maître s'arrêta un instant, médita quelque
secondes, et changeant de pose, il reprit avec un
intonation plus douce :

— Vous êtes, paraît-il, du Bas-Languedoc, d
ce pays baigné de vin, sucré de miel, parfum
de lavande et de thym ; de ce pays magique qu
est comme le tabernacle des reliques romaines
le trône sacré du soleil, le digne empire de l
poésie et de la beauté.

« Vous avez un travail qui vous sert de gagne
pain, c'est beau, c'est courageux. Se consacre
tout entier à la littérature quand on est pauvre
s'élancer témérairement à la conquête de l'idéa
lorsque les entrailles crient famine, c'est s'expo
ser à ne jamais l'atteindre ; car la préoccupatio
du lendemain vient tôt ou tard absorber l'ima
gination et paralyser l'énergie.

« Comme vous, je suis d'origine démocratique, e
si mon père était médecin militaire, mon grand'
père, avait l'honneur d'être un bon paysan, aiman
sa terre du même amour qu'il aimait ses enfants
Du côté de ma mère, la souche familiale est encor
identique : j'ai des parents qui ont été maçon, ser
rurier ou cultivateur.

« Pour en revenir à votre candidature, je ne vou
dirai pas que votre réussite est certaine, mais e
persévérant dans cette voie intéressante, ave

os humbles mérites, vous pouvez avoir des chan-
es pour l'avenir.

« En attendant, ne vous laissez pas abattre par
n premier échec. Songez que je ne fus élu qu'à
a deuxième élection et que Victor Hugo lui-même
 dû se présenter trois fois.

« Rappelez-vous, conclut Richepin, que le succès
'une idée généreuse ne s'obtient qu'au prix d'une
igoureuse lutte, et que la lutte éternelle est l'ali-
ent et la raison d'être de la vie de l'homme ».

Et tandis que le maître me parlait avec tant
e feu et d'éloquence, en soulignant parfois les
ccents de sa pensée immense et profonde, par
es gestes convaincus, je contemplais respectueu-
ement la mâle énergie qui se dégageait de sa belle
hysionomie, dont la ressemblance est frappante
vec celle de l'empereur romain : Septime Sévère.

Enfin, charmé, ému par cette réception si sim-
le et si digne d'un beau génie, je me retirai,
eureux d'avoir passé, avec le plus grand des
rands poètes, une heure délicieuse, et fier d'avoir
ecueilli pour l'entreprise courageuse à laquelle
e me dévouais, un accueil bienveillant et quelques stimulants encore !

XXXVI

Chez Gabriel Hanotaux

Notes et croquis. — Une réception charmante. — Travail et patrie. — Provence et Languedoc. — Impressions d'un philologue. — Hanotaux et Barrès.

Je passe au salon, vaste pièce magnifiquement meublée dans le style Renaissance, où, parmi un gracieux désordre se présente à mes yeux éblouis une précieuse collection d'objets d'art.

La variété des riches choses qui m'entourent a un petit air cosmopolite, répondant bien à l'impression que j'ai d'être chez un ancien ministre des Affaires étrangères.

Voici une mandoline dont la table d'harmonie est tout enjolivée de minces filets de nacre et d'incrustations de corail. Il s'en dégage comme un subtil parfum d'Espagne et d'Italie. Ici des tapisseries splendides rappellent la Turquie, la Perse et l'Orient. Là, ce sont des fantaisies japonaises, des objets laqués d'Arabie, des porcelaines de Chine, des glaces de Venise, des verreries de Bohême et même des bibelots romantiques.

Devant moi, une cheminée monumentale, à co-

lonnes de porphyre, se dresse éclatante et hautaine dans la majesté du lieu. Auprès d'elle, je
remarque un magnifique tableau d'une grande
originalité : c'est une toile où sont peintes toutes
les variétés de pommes de terre avec leurs formes
et leurs couleurs naturelles. Les blanches, les
rouges, les jaunes, les bleues, les plates, les longues, les rondes y figurent dans l'harmonie de l'art.

Ce beau tableau, capable de faire ressusciter
Parmentier, semble être l'image d'un culte, voué
au légume favori du pauvre, par l'illustre historien du *Cardinal de Richelieu*.

Parmi tant d'autres toiles, je remarque encore
un superbe portrait du maître, d'une grande pureté de ligne et d'une vigoureuse carnation ; ce
portrait, placé au-dessus de la porte d'entrée du
cabinet de travail domine le salon et semble annoncer au visiteur la grâce et la bonté qu'il re-
rouvera auprès de l'éminent académicien.

La bibliothèque, aussi, attire et retient mes regards. Voici une curieuse édition de *la Pucelle
d'Orléans* par Voltaire, qui voisine avec les œuvres complètes de Lamartine, d'Hugo, de Musset,
de Coppée, de Richepin, de Barrès, de Daudet, etc... A côté, une collection des classiques
étrangers, Shakespeare, Dante, Le Tasse, fait suite
aux œuvres de Montesquieu, Michelet, Sainte-
Beuve, Auguste Comte, Mistral.

Enfin de cet océan de livres émerge, comme une
précieuse épave, une intéressante histoire de tous
les grands peintres français et étrangers.

Mais la porte du cabinet s'ouvre, et l'illustre auteur de *la France contemporaine,* interrompant soudain mon zèle fureteur, m'invite à **pénétrer.**

Réception charmante. Le maître doux et aimable me parle avec cette simplicité qui est le propre des hommes supérieurs.

Loin de passer sous silence la modestie de ma situation, il m'en félicite et dit :

— Les écrivains sortant du peuple sont dignes d'estime et d'intérêt, à tous les points de vue. Un homme, quel qu'il soit, lorsqu'il travaille pour notre littérature et pour l'art, travaille pour la France. Car la France est notre idole à tous, et que nous soyons paysans ou artistes, ouvriers ou savants, que nous nous servions de la plume ou de l'outil, notre but commun, notre rêve à tous, c'est sa prospérité et sa gloire.

« Dans un autre ordre d'idées, je ne craindrai pas de vous dire que la lutte pour la vie est aux humbles ce que le champ de bataille est pour le soldat ; elle forme le caractère et fait naître en nos cœurs le plus pur héroïsme. Quelque paradoxal que cela puisse paraître, je dirais même que le plus malheureux des hommes est celui qui ne connaît pas la peine et le travail et n'a jamais bravé le feu de la mêlée sociale. Cet homme, marchant sans expérience et sans arme à travers le monde, *fait* semblant de porter la tête haute, tant qu'il ne rencontre pas d'obstacle, mais le jour où une barrière imprévue l'arrête, il se retourne désemparé, n'ayant pas ce qu'il faut pour réagir et vaincre dans les inévitables batailles de la vie. »

S'arrêtant quelques secondes pour amener la conversation sur un autre sujet, le maître toujours bienveillant me parle maintenant de Nîmes, dont les beaux monuments romains lui rappellent ceux de la Ville éternelle.

— J'aime, me dit-il, ces antiques cités dans lesquelles on rencontre tant de vestiges du passé. J'ai visité Carcassonne, Nîmes, Arles, Avignon, Orange, et j'en ai gardé d'ineffaçables souvenirs. J'aime surtout la vieille et belle Provence, ce bosquet paradisiaque de France dont Mistral est le divin rossignol. Ah ! Mistral, s'exclame-t-il, en voilà un qui serait élu à l'Académie le jour où il se présenterait ! »

Et nous dialoguons longuement de *Mireille*, de *Calendau*, des *Isclo d'Or*, de *Reino Jano*, du *Pouèmo dou rose*, où abondent tant de beaux vers et de grandes pensées. Nous sommes ainsi amenés à parler de la souplesse et de l'harmonie de la langue provençale, et, comme je fais remarquer incidemment que les trois quarts des mots du Dictionnaire de Mistral sont d'origine latine, le maître qui est un philologue distingué me dit :

— Eh oui ! En bons agriculteurs qu'ils sont, les Provençaux ont transplanté la langue de Rome en leur contrée ; puis, afin qu'elle puisse mieux fructifier, ils en ont éliminé toutes les terminaisons inutiles et disgracieuses en ayant soin d'y ajouter une grande quantité d'expressions populaires et de mots de terroir, lesquels se sont si

rapidement enlacés à leur tronc et confondus dan
la même racine que, désormais, ils n'apparaisser
plus comme adoptés ou adaptés, mais naturels e
harmonieux. De là sont nées ces fleurs fraîches e
ces fruits savoureux, que cette langue divine per
produire, et dont Mistral nous a fait goûter le
délices par ses chefs-d'œuvre. »

Puis, parlant encore de Nîmes, il fait l'éloge d
ses enfants célèbres ; il cite Guizot, Jean Rebou
Nicot, Alphonse Daudet, Gaston Boissier, Solei
let et surtout son excellent ami Paul Révoil, am
bassadeur de France à Madrid.

— Mais, me dit-il ensuite, connaissez-vous que
qu'un à l'Académie qui soit susceptible de vo
servir de parrain ?

— Non, lui répondis-je, mais j'espère beaucou
en Maurice Barrès, qui, dès la première heure d
ma candidature, m'a accordé spontanément, sa
restriction, toute sa sympathie.

Secoué d'une émotion bien manifeste, prov
quée par mon ardente reconnaissance à l'illust
père de *Colette Baudoche*, je raconte alors à l'a
cien ministre des Affaires étrangères avec quel
bienveillance, avec quelle générosité Mauri
Barrès m'a reçu à différentes reprises, me pr
diguant sans réserve son temps et ses consei
avec l'empressement et la sincérité d'un prote
teur véritable.

— Cela ne me surprend pas du tout, repre
M. Hanotaux. Je dois d'abord vous dire que j
une grande affection pour Barrès. C'est un d

écrivains contemporains qui connaissent le mieux le peuple. Il s'intéresse à ses aspirations, s'inquiète de ses souffrances, et quand une voix émouvante sort de la foule, il est rare qu'elle ne trouve pas un écho sonore dans son cœur, foncièrement bon. Je vous le répète, l'auteur des *Déracinés* se fait du peuple une idée assez grande, assez juste pour s'imposer chaque jour la tâche de s'y dévouer plus ardemment. Chez lui, le mérite de l'homme équivaut à la valeur de l'écrivain; c'est vous dire à quel point sa protection peut vous être utile et combien je suis heureux de savoir qu'elle vous est acquise. »

XXVII

Chez René Bazin

En entrant chez l'illustre auteur de *Donatienn*
et des *Oberlé*, j'ai eu, un instant, l'impression d
pénétrer dans quelque temple antique.

Du salon, où l'on me fait attendre quelque
minutes, se dégage comme un parfum religieu
qui s'accuse davantage au moment où je distin
gue, entre plusieurs tableaux sévères, un Chris
en croix, dont l'expression pathétique me rappell
le chef-d'œuvre de Van Dyck, à la cathédrale d
Malines. Sous cette douce émotion, je pense alor
au séminaire d'Angers, où le maître a fait se
études et à l'université catholique de cette ville
où il fut professeur de droit criminel.

Mais bientôt, un bruit de porte qui s'ouvr
vient interrompre ma rêverie et le maître jeun
encore, puisqu'il n'est âgé que de cinquante-si
ans, ayant à la fois, la douceur d'un ecclésiasti
que et la carrure nette d'un officier de cavalerie

'invite fort gracieusement à passer dans son
abinet de travail.

Après m'avoir confortablement installé auprès
'un bon feu, il commente longuement mon ini-
ative :

— J'aime ceux qui mettent dans l'effort leur
lus grande espérance, me dit-il, ceux qui tra-
aillent sans cesse et se sentent assez vaillants pour
voir l'ambition de faire de grandes choses. J'ai
u, moi-même, une existence toute faite de labeur ;
ais, parmi les manifestations de la vie, le tra-
ail est encore la plus efficace et la plus agréable.
omme l'a dit si éloquemment de Laprade : « *Ne
lus travailler, c'est mourir.* » Et il ajoute :

— Je ne demande à Dieu qu'une seule chose,
'est de m'enlever de ce monde en pleine acti-
ité, avant d'avoir connu les langueurs de la
etraite et les bâillements mortels de l'ennui.

Après une pause de quelques secondes, durant
aquelle le maître semble rassembler ses idées, il
eprend :

— Bien des personnes emploient mal leur for-.
une, mais ce qui est pire, c'est que beaucoup
l'écrivains emploient mal leur talent, en compo-
ant de mauvais livres. Tout homme de lettres,
lignes de ce nom, doit se rendre compte que la
able sur laquelle il travaille, et d'où il s'adresse
ux intelligences, est plutôt un autel qu'un
omptoir ; l'écrivain est un juge dans un tribu-
al, un apôtre dans une chaire.

Malheureusement ceux qui consacrent tous

leurs efforts à se rendre de plus en plus dignes de
cette haute magistrature, ou de cet auguste sacer-
doce, se font fort rares, et c'est là, je crois, ce
qui constitue notre véritable décadence morale.

Puis après un temps d'arrêt, il continue :

— En ce qui vous concerne, je m'empresse
d'ajouter que la lecture de vos livres vous a conquis toute ma sympathie. Comme mon regretté
collègue, Coppée, je suis l'ami des humbles et
marcherai toujours avec ceux qui aiment le
peuple; mais, j'exècre les intrigants qui se rap-
prochent de lui dans un but intéressé, — c'est-
à-dire ceux qui le flattent pour en obtenir un
mandat politique ou la consécration d'une renommée. Ainsi, ceux qui se servent de lui pour arriver à la fortune ou aux honneurs, ne sont pas ses
amis; ses véritables amis, ce sont les hommes
qui travaillent et luttent pour lui, en agissant
toujours dans un esprit humanitaire, en consacrant, en somme, leurs efforts à son bien-être et
leur intelligence à son éducation. Parmi ceux-là
je pourrais citer M. d'Haussonville et M. de Mun.

Revenant à mes œuvres, René Bazin poursuit :

— Mais que préparez-vous maintenant? Vous
devez avoir quelque chose sur le métier. Les poètes
ont sans cesse des projets dans la tête !

— Maître, je compte donner vers la fin de
l'année un modeste volume de souvenirs, ayant
pour titre *De mon village à Paris*. Point n'est
besoin de vous prévenir que j'y raconterai tout
au long l'entretien que vous me faites l'honneur

de m'accorder aujourd'hui, et, laissez-moi vous dire que je serai heureux de pouvoir y mettre autant d'exactitude que vous y avez apporté de charme et d'intérêt.

— Vraiment ? fit René Bazin, mais c'est très bien. Cela nous promet quelques pages intéressantes. Allons, poursuivit le maître, ne vous découragez pas. Vous savez que les grandes dames n'accordent généralement leurs faveurs qu'après de longues sollicitations. En admettant que vous n'ayez pas, cette fois, la satisfaction d'être élu à l'Académie, vous aurez toujours le plaisir de pouvoir continuer à lui faire la cour.

Et M. René Bazin m'accompagnant avec amabilité jusqu'à la porte, m'assure de sa sympathie et m'exprime ses regrets d'avoir déjà, pour cette élection, engagé son suffrage.

XXXVIII

Chez Alfred Mézières

Le fils de la Lorraine. — Le patriarche du quartier Latin. — Souvenirs du pays du soleil. — Mistral et la langue provençale. — Une anecdote du doyen des Quarante.

Né dans ce coin pittoresque de la merveilleuse Lorraine qui formait, avant l'invasion allemande, le beau département de la Moselle, Alfred Mézières, comme son digne compatriote Maurice Barrès, personnifie l'ardent patriote, l'amant et l'apôtre de la Beauté.

En 1848, son père était recteur de l'Académie de Metz, ce qui lui fait dire parfois spirituellement, qu'à l'âge de vingt ans, il était déjà à l'Académie.

Par son mariage, il s'est uni à la famille héroïque des Laroche-Jacquelein, dont il a épousé une petite-nièce.

Tout d'abord, il semble que ce vénérable et robuste vieillard, ayant la sagesse et le calme d'un génie antique, devrait chercher, pour y élire domicile, les rues solitaires du quartier de l'Europe ou de Passy. Pas du tout, il demeure en plein quartier Latin, au centre de ce foyer exubérant des écoles, où débordent la gaieté, la jeunesse et la vie.

De ses fenêtres, il peut ainsi contempler paternellement, le sourire aux lèvres, les monomes tapageurs que forment parfois les étudiants, aux jours d'allégresse.

Lorsque j'arrive pour lui faire ma visite, j'attends quelques minutes; mais bientôt, on m'introduit dans un somptueux salon où rayonne, imposant et frappant de ressemblance, un superbe buste du maître, taillé dans un bloc de Carrare, œuvre merveilleuse dont l'immaculée blancheur attire mes regards.

Soudain, une porte s'ouvre et l'immortel auteur de *Pétrarque* vient vers moi souriant, me serre la main et me prie de passer dans son cabinet.

Rapidement, je contemple l'illustre et auguste doyen de l'Académie française.

Drapé dans une vaste robe de chambre, le visage orné d'une attrayante barbe blanche, il ressemble à l'un de ces nobles patriarches, qui sont comme les dieux de l'Orient. Tout en lui respire la grâce, la bonté.

Par un geste empreint de la plus grande bienveillance, le maître me fait prendre place sur un divan et sans autres préambules il dit :

— Travaillez-vous ? Vous savez que la vie d'un homme de lettres doit être avant tout laborieuse. Levé tôt, couché tard, il doit gravir dans un perpétuel effort tous les chemins qui conduisent aux cimes de la pensée. A cette heure, quel genre d'ouvrage préparez-vous ?

Et dès que je lui fait part de l'intention que j'ai de publier un volume de souvenirs, ayant pour sommaire l'histoire anecdotique de ma vie d'ouvrier, passionnément épris de tout ce qui se rapporte à l'art et à la littérature, il paraît vivement charmé.

Se rappelant que je suis né aux environs de Nîmes, il me parle en termes fort élogieux de ce *Midi enthousiaste, vivace et généreux,* qu'il admire et qu'il aime.

Puis, comme grisé par cette évocation, il s'exclame :

— Oh ! les belles contrées méridionales dont la langue souple et sonore, plus expressive que l'italien, plus musicale que l'espagnol, retentit en échos harmonieux sur les coteaux chargés de pampres et dans les prairies inondées de soleil, diaprées de fleurs et de papillons. Terre bénie des troubadours, des jeux floraux et de Clémence Isaure, ruche de poètes, dont quelques-uns furent de véritables génies comme Jasmin, Reboul, Roumanille, Aubanel et surtout Mistral, debout et vaillant encore, vénérable porte-drapeau des traditions locales et des légendes populaires.

Ah ! s'écrie-t-il, je la connais la langue de Mistral ! Il *l'a faite* par dépit et pour se venger d'un professeur du Collège royal d'Avignon, qui s'était moqué de ses mots et de son accent. « Il vante leur langue, dit-il, eh bien ! j'aurais *la mienne.* » Et il *la forgea.*

Toujours étincelant de verve, le savant commentateur de Shakespeare veut bien me raconter encore cette anecdote aussi savoureuse que la première :

— Il y a déjà nombre d'années, assistant dans le Midi à un grand enterrement, j'eus l'occasion de remarquer une chose très curieuse. Toutes les personnes qui étaient présèntes — et il y en avait de toutes les régions, — puisque tous les pays qui *s'étendent* de Carcassonne à Gênes, se trouvaient représentés — toutes, dis-je, causaient patois et elles se comprenaient très bien. Seuls, deux hommes parlaient uniformément le français : un ministre italien et moi. Il me fit même cette réflexion : *Si nous n'étions pas là, qui parlerait français ? Dirait-on jamais que nous sommes en France ?*

Puis, passant à un autre sujet, le maître me demande si je suis marié, et, sur ma réponse affirmative, il me fait l'éloge de la famille, qui, dit-il, « n'est pas autre chose qu'une sorte de cristallisation sociale ».

Craignant, enfin, d'abuser de ses instants, je me lève et remercie le vénéré doyen de l'Académie française de sa réception courtoise et de l'accueil bienveillant qu'il m'a prodigué, lui affirmant que je garderais longtemps le souvenir de son ineffable bonté.

Mais, il m'interrompit doucement, et comme, s'il

eût voulu mettre fin à mes démonstrations respectueuses, il me dit encore :

— Voyez-vous, il n'y a rien au-dessus de la bonté. La bonté ! c'est le sel de la vie !

Ce fut le mot de la fin, de cette visite charmante, dont j'ai conservé l'impression la plus exquise, et qui m'a favorisé l'admirable spectacle de contempler, quelques instants, un grand cerveau rayonnant au-dessus d'un grand cœur.

XXXIX

Chez Étienne Lamy

Une visite tardive. — Sa voix est engagée. — L'éducation de la démocratie. — A propos d'un fauteuil — La grâce d'un ironiste.

Je me fais annoncer. Quelques minutes s'écoulent et l'ancien directeur du *Correspondant* vient lui-même me recevoir et m'accueille avec la plus grande sympathie.

C'est un homme élégant à la figure énergique, qui, capitonné sous une épaisse houppelande et sanglé à la taille par une large ceinture, a l'air d'un patriarche jurassien, ou plutôt d'un antique docteur de l'École palatine.

— Alors, me dit-il, en souriant et en m'ouvrant toute grande la porte de son cabinet de travail, vous voilà en pleine *fièvre verte.*

— Oui, maître, lui répondis-je, et le traitement en est fort agréable puisqu'il me procure la douce satisfaction de venir passer quelques instants auprès de vous.

— Je suis très heureux d'avoir votre visite, continua-t-il, cette démarche dénote chez vous un esprit d'avant-garde et un caractère audacieux, mais votre candidature est peut-être venue un peu tard, car, déjà tous les autres candidats ont pris position.

Il est bien entendu que les voix doivent aller au plus digne ; cependant, quel que soit votre mérite, je dois vous avouer qu'il ne m'est pas possible de vous donner la mienne : elle est engagée. Ne comptez même pas en avoir beaucoup. Vous savez que l'on ne réussit pas toujours la première fois. Enfin, quoique vous ne soyez pas élu, votre candidature vous donnera forcément une petite notoriété qui vous servira de références pour une autre élection.

Poursuivant la conversation, l'illustre auteur de l'*Armée et la démocratie* me dit encore :

— J'ai lu avec plaisir vos livres, qui sont bien dans la note parnassienne que j'aime, et j'ai longuement médité votre lettre-programme, expliquant éloquemment le but que vous poursuivez.

« Le *titre* d'ouvrier n'entraîne avec lui aucune espèce d'humiliation, ne sommes-nous pas tous des ouvriers ?

« Tout homme qui consacre ses journées, et même ses veilles, à un labeur intellectuel ou matériel, et qui s'efforce de produire quelque chose en harmonie avec ses aptitudes, est un ouvrier. Que ce soit la main, l'œil ou le cerveau qui agisse, cela revient au même.

« Il est évident que l'homme du peuple est, de plus en plus, appelé à de grandes destinées,

mais il faut laisser gonfler l'épi et le voir mûrir.
Avant de planer, il faut que la démocratie s'élève
progressivement. Son triomphe ne sera complet
qu'après les diverses phases d'une ascension lente
et sûre. Pour en arriver là, il est utile que la classe
ouvrière, si intéressante et si noble, se rapproche
plus intimement de ce qui doit la sauver, et s'é-
loigne de ce qui peut la perdre. Il faut qu'elle
recherche les prétextes d'aimer plutôt que les raisons violentes de haïr ; qu'elle respecte la justice, la propriété, la liberté ; qu'elle aime ses
semblables et vénère surtout la patrie.

« Et croyez-moi, conclut le maître, ce ne sera pas
le socialisme révolutionnaire, ni même les antimi-
litaristes, qui hâteront l'âge d'or de la démocratie. »

Par avance, je savais que ce grand moraliste
était un homme politique et un orateur éminent, mais mon opinion se fortifia davantage, en
l'entendant causer avec tant de force et de conviction, je fus, je le répète, profondément impressionné par la noblesse de ses sentiments et la puissante élévation de sa pensée.

Je me disposais à me retirer, ne voulant pas
abuser de la bienveillance que l'auteur de *la
Femme de demain* me témoignait, en prolongeant
cet entretien, mais il semblait prendre plaisir à
me retenir doucement, et, séduit, par le charme
de sa conversation, je l'écoutais debout quelques
instants encore. Il me parla de la valeur des candidats ; Jean Aicard, Dorchain, Lahor, Harau-

court. Il énuméra leurs œuvres en s'efforçant de mettre en relief leurs qualités et leurs tendances particulières ; puis se ravisant, il dit :

— Mais au fait, de même que Jean Aicard, vous aussi, vous êtes du Midi, de ce Midi ensorceleur enthousiaste, qui nous a donné tant de grandes figures politiques, littéraires et scientifiques. Savez-vous que le fauteuil que vous briguez est le trente-quatrième, et que ce fauteuil a déjà compté comme titulaire l'illustre Fléchier, qui, vous le savez, fut évêque de Nîmes ? Ce n'est là qu'une coïncidence sans doute, en tous cas elle n'en est pas moins curieuse, étant donné que vous, un Nîmois, vous postulez ce fauteuil. »

Et me reconduisant lentement, il m'adressa quelques paroles d'encouragement, me souhaitant une bonne chance, soulignant l'expression de ce vœu par un malin sourire où je sentis bien une petite pointe d'ironie. Mais cela était fait avec tant de grâce, dit avec tant de finesse que je *faillis croire* à sa sincérité.

A part cette jolie perle, digne d'un bel esprit académique, je me plais à rendre hommage au philosophe politique, au brillant historien, dont les idées pénétrantes et larges nous ont valu tant d'œuvres variées et considérables.

Les lettrés, les érudits, sauront toujours reconnaître l'immense valeur du pur écrivain, du grand sociologue, qui occupe dans la pléiade des maîtres contemporains une place prépondérante et y a conquis une renommée universelle.

XL

Chez le Comte d'Haussonville

A vrai dire, je ne connaissais l'illustre académicien que pour avoir lu quelques-unes de ses substantielles œuvres d'études biographiques, qui mettent en relief, sous un jour nouveau, les grandes figures qu'étaient Mme de Maintenon, Mme Necker, Sainte-Beuve, George Sand, Michelet et Prosper Mérimée. Dernièrement, voulant me documenter sur *la Crise Sociale*, titre d'un travail non encore terminé, je consultais son beau livre *Misères et Remèdes*, et découvrais, dans cet éloquent répertoire de la souffrance humaine, une mine inépuisable de tristes et douloureux renseignements que je n'avais trouvés nulle part.

C'est qu'en effet, je le répète, ce précieux ouvrage est, entre tant d'autres traitant cette éternelle et troublante question de la misère, un livre bien ordonné, bourré de chiffres et de faits, livre qui restera comme le tableau vivant d'une époque poignante, où plus que jamais, la plaie hideuse du paupérisme s'étale et fleurit au grand soleil de la vie.

Mais je veux laisser un instant le probe écrivain pour aborder l'homme.

D'un caractère ferme et droit, bon et généreux pour les petits et les humbles, ce mandarin de l'aristocratie parisienne inspire, à la fois, le respect et la sympathie à tous ceux qui ont l'honneur de l'approcher.

Car, on peut le déclarer hautement, M. le comte d'Haussonville est l'une des grandes figures contemporaines de la vieille noblesse, l'un des plus illustres représentants de cette glorieuse race de preux, dont les exploits ou les souvenirs ont fourni de si belles pages à notre histoire nationale.

Son grand-père, le duc de Broglie, fut ministre du 16 mai. Son père, qui siégea au Parlement et à l'Académie française, était un philanthrope.

En fondant un orphelinat et en recueillant les fonds nécessaires à la construction de deux petits villages destinés à donner asile à ses protégés, s'attira la reconnaissance populaire, qui, pour l'honorer, donna son nom à l'un de ces villages.

Par ses longues relations avec la famille d'Orléans, M. le comte d'Haussonville a acquis de précieuses amitiés dans les cours étrangères et surtout dans l'entourage de la famille royale du Portugal, où il jouit d'une influence considérable.

Cette situation particulière d'être en rapport constant avec les plus grands personnages de l'Europe, a fait de lui l'un des astres des meilleurs salons parisiens.

Peu d'événements se sont déroulés dans le grand monde, sans qu'il n'y ait pris une part active et prépondérante.

Aussi, lorsque j'arrive devant son hôtel de la rue Fabert, suis-je assez ému par mille idées diverses : Quelles paroles vont m'accueillir ? Quelle réception va me faire ce gentilhomme-écrivain ? Car, cette fois, je suis sûr de le voir, puisqu'il m'a donné rendez-vous par lettre, ayant appris que j'étais venu deux fois, en son absence.

L'hôtel a grand air sous ses nappes de lierre. Les écuries au fond, à gauche un élégant perron avec marquise et double escalier Renaissance qui conduit à un spacieux vestibule. Avant d'arriver auprès du maître, je traverse une superbe galerie où se trouvent réunis, à côté de tant de gloires nationales, les portraits des familles d'Haussonville et de Broglie. Magnifiques toiles dont les cadres éblouissants sont parfois surmontés d'écussons dorés, de couronnes de duc ou de comte.

Tout à coup, je pense à la galerie des portraits d'*Hernani* et les vers de Hugo tonnent alors à mon oreille, un tocsin harmonieux :

> *Celui-ci des Silva, c'est l'aîné, c'est l'aïeul,*
> *L'ancêtre, le grand homme, Altesse, saluez !*

Le maître me reçoit dans son cabinet de travail, pièce somptueuse, où des trésors artistiques s'accumulent innombrables : bibelots originaux, statuettes exquises, livres rares dont les éditions curieuses alternent avec les plus riches reliures.

Après quelques minutes d'attente, pendant lesquelles l'ancien député de Seine-et-Marne termine un entretien avec de notables visiteurs, qui, par les bribes de conversation que j'entends, semblent appartenir à la littérature, M. d'Haussonville vient vers moi et dit :

— Bonjour, mon ami !

Ces mots si simples, adressés à un ancien homme d'équipe par un tel personnage, qui, on le sait, fut pendant de longues années président du Conseil d'administration du P.-L.-M., ont une grandeur incomparable, qui, au théâtre, produirait certainement bel effet. On dirait Bonaparte parlant au tambour d'Arcole. Aussi, mon émotion est-elle profonde. Mais, comme il s'efforce de me mettre à l'aise, il semble ne pas s'apercevoir de mon trouble, et, poursuivant la conversation, il reprend :

— Quelque audacieuse que puisse paraître cette initiative de candidature ouvrière à l'Académie, elle m'intéresse, car rien de tout ce qui se rapporte au peuple ne me laisse indifférent.

Je réponds au maître que je n'ignore pas avec quel dévouement inlassable, avec quelle générosité enthousiaste, il s'est consacré pendant de longues années à l'étude des questions sociales : *l'En-*

*fance à Paris, les Établissements pénitentiaires
en France et aux Colonies, Socialisme et Charité,*
sont des œuvres assez éloquentes pour n'avoir
pas besoin d'autres affirmations. Je lui rappelle
aussi ses nombreuses conférences faites dans le
Midi de la France.

— Oh! oui, fit-il, il y a déjà longtemps de cela ;
j'étais encore jeune.

— Mais, monsieur le comte, lui répondis-je, vous
êtes toujours jeune, par l'esprit et le cœur ; les
rides du visage et la grise majesté des cheveux
n'atteignent pas l'âme...

— Vous êtes fort aimable, continua-t-il, de
vous complaire à me donner l'illusion de la jeunesse, qui est l'aurore de la vie. A propos, parlons
un peu de vous : où en êtes-vous avec vos visites
académiques ?

— Maître, lui dis-je, j'en ai fait à peine la
moitié, et les encouragements que j'ai recueillis,
parmi vos illustres collègues, exaltent mon zèle
et me commandent d'aller de l'avant... Oui, je
vous le répète, j'ai trouvé partout un accueil flat-
teur, et les paroles amicales qui m'ont été prodi-
guées, de toutes parts, résonnent encore en moi
comme des hymnes d'allégresse, dont je conserverai l'écho toute ma vie.

— Tant mieux, reprit M. d'Haussonville, je suis
heureux de savoir que mes confrères ne vous ont
pas ménagé leurs sympathies ; il n'y avait, du
reste, pas moins à attendre d'eux. Les questions de
personnalité, de situation ou d'origine, ne comp-

tent pas dans le domaine universel et sublime de l'intelligence.

A vous, maintenant, de prouver que vous êtes digne de cette sympathie, en nous donnant bientôt un beau livre, montrant que vous savez vous élever par la pensée, aussi haut que ceux qui vous dominent par leur fortune ou leur rang, et qu'avec des efforts intellectuels vous pouvez atteindre les sommets, où resplendissent glorieusement nos grands écrivains. »

Sur ces mots trop flatteurs, je quitte le maître qui, toujours plein de bienveillance, m'accompagne jusqu'au bas du perron et me serre la main, en me remerciant de la visite que j'avais bien voulu lui faire.

XLI

Chez le marquis de Vogüé

En sortant de chez M. le comte d'Haussonville, je n'ai que quelques pas à faire pour me
rendre chez M. le marquis de Vogüé, car les deux
illustres académiciens ne sont, en effet, séparés,
que par l'hôtel de la comtesse douairière de Bryas,
née de Vogüé.

Une immense grille, auréolée de quatre puissants réverbères, donne à l'hôtel du maître un
aspect imposant ; à l'intérieur une vaste cour,
permettant aux équipages d'évoluer à leur aise,
et à droite, un minuscule square, formé de nombreux plans de fusain conduit à un perron protégé
par une élégante marquise.

Je pénètre dans un riche vestibule, où l'on me
prie d'attendre un instant. C'est une aubaine
inespérée, qui me permet de contempler tranquil-
lement toutes les richesses qui s'offrent à mes
yeux.

Au pied d'un escalier monumental, deux élégantes colonnes de porphyre s'élèvent, et sur leurs chapiteaux dentelés, dominent, majestueux, deux gigantesques candélabres de bronze. A côté, à droite et à gauche, je remarque encore deux beaux vases de fleurs reposant sur un piédestal d'une forme savante. Les murs sont drapés de ravissantes tentures, représentant des allégories japonaises et des scènes antiques.

Devant l'escalier, est jetée, avec art, une magnifique peau de lion, dont la tête expressive montre une gueule menaçante qui semble vouloir tenir en respect les solliciteurs importuns ou les visiteurs trop hardis.

Un aimable domestique m'invite à monter. Je gravis le grand escalier, et je traverse avec émotion une longue galerie qui donne accès à plusieurs salons, où le faste abonde, où les arts de toutes les époques trônent. Tapisseries, vitraux, glaces, lustres, boiseries sculptées, soieries d'Orient, marbres, meubles écaillés de nacre ou incrustés d'émaux, tout porte l'estampille de la beauté démoniaque. Je suis en plein rêve. Ce milieu éclatant de richesses m'éblouit un instant, et, demeurant sous le charme de cette irradiation troublante, il me semble que la sultane Schéhérazade, en personne, marche devant moi et me fait visiter l'un de ces palais magiques des *Mille et une Nuits*.

Mais le maître, en chair et en os, sur le pas de son cabinet, me rappelle à la réalité en me tendant la main et en m'invitant à m'asseoir auprès de lui.

— Pourquoi n'êtes-vous pas venu me voir plus tôt, dit-il ; avez-vous reçu mes deux lettres, dans lesquelles je vous exprimais mon regret de n'avoir pas été là, au moment où vous êtes venu me rendre visite, et où je me rachetais, en vous fixant un autre rendez-vous ?

— Oh ! vous racheter ! Monsieur le marquis, vous êtes vraiment trop aimable. La besogne quotidienne, à laquelle je suis astreint, ne m'a pas permis de le faire plus tôt, et je suis heureux, aujourd'hui, de profiter de quelques heures de liberté pour vous remercier de ces deux lettres, qui constituent pour moi, un précieux témoignage de votre sympathie.

— Elle vous est tout acquise, me répond le maître ; s'il y a un malentendu entre nous, c'est que tous ces jours-ci j'ai eu fort à faire à la présidence des *Agriculteurs de France*, et bien que je ne sois pas poète, j'aime passionnément la poésie, et c'est pourquoi j'apprécie la vôtre.

Si vous n'avez pas de fortune, votre plume a des rayons et vos vers ont des ailes ; on ne demande pas autre chose pour entrer à l'Académie. Cependant, n'allez pas croire passer au premier scrutin. Tout me porte à penser, au contraire, que cette élection sera excessivement laborieuse, étant donné que les votes se trouveront répartis entre les nombreux candidats, tous méritant à des titres divers.

Mais que faisiez-vous avant d'être cabaretier ?

— Monsieur le marquis, jusqu'à l'âge de vingt ans, je fus paysan, travaillant la terre et la chantant en mes vers, en langue d'oc ; peu après, me mariant, je fondai un foyer, une famille et j'entrais au chemin de fer, en qualité d'homme de peine, et c'est au bout de quinze années de service, que, avec le secours des efforts de ma femme, j'ai pu parvenir à mettre de côté quelques économies et je suis devenu acquéreur d'un petit restaurant, 7, rue des Moulins, à proximité de l'avenue de l'Opéra.

— C'est bien, reprit le maître. En tous cas, il est fort rare de voir un poète posséder des économies, et sur ce point, vous méritez des compliments. Oui, vous méritez des félicitations pour n'avoir pas sacrifié votre situation matérielle à votre conception idéale. Que de lettrés meurent de faim à Paris, pour ne pas vouloir accepter un emploi qu'ils jugent médiocre et indigne de leurs aspirations intellectuelles ! Ils préfèrent supporter héroïquement leur misère, et consacrer tout leur temps à la conquête d'une renommée qui se laisse difficilement atteindre. Rappelez-vous le mot d'Hugo :

« *On peut parfaitement faire deux choses à la fois : on peut faire en même temps son devoir et sa tâche, l'une ne nuit pas à l'autre ; l'homme a deux mains.* »

Pour ma part, je m'occupe aussi de commerce ; je suis à la tête d'une affaire de métallurgie qui

ie prend beaucoup de temps, mais je ne m'en
lains pas. Je suis l'un des partisans de la vie
itense. Pour en revenir à vous, quelque modeste
ue soit votre origine, vous n'avez pas à en rougir,
t, si un jour, quelqu'un osait vous en faire un
rime, rappelez-vous d'Henri Weill, qui, ayant
ardé les pourceaux, se l'entendit reprocher par
in petit journaliste qui croyait avoir de l'esprit :

« *C'est possible, répondit Weill, mais je ne les
arde plus, tandis que vous, si vous les aviez gardés,
ous les garderiez encore.* »

Et souriant, le maître me tend affectueusement
a main, en me recommandant de ne pas perdre
ourage ; et je me retire, méditant longuement
'attitude de ce mondain enviable et envié, chargé
l'honneur, bourré de talent, pétri d'élégance et
omblé de fortune, qui le cœur ennobli encore
ar tant de grandeur, conserve assez de simpli-
ité, pour rejeter, loin de lui, tout sentiment de
anité, et ne pas craindre de presser la main caleuse d'un homme du peuple.

XLII

Chez Paul Deschanel

L'homme politique et le littérateur. — La simplicité d'un
immortel. — Les amis du peuple. — Les grands écrivains sont des éducateurs. — Son amour pour la poésie.

Des écrivains, qui prétendent avoir de l'esprit,
font de Paul Deschanel des portraits grotesques,
dans lesquels ils ne voient en lui qu'un illustre
gommeux, doublé d'un fat ; cela est injuste, et il
suffit de l'approcher pour en être convaincu.
D'autres, se croyant encore plus malins que les
premiers, ne jugent l'homme que d'après ses
nombreux discours, et surtout d'après sa carrière
politique, dont on admire pourtant l'honnêteté
et la franchise. C'est là de la mauvaise foi.

Il est certain que le rôle d'un législateur n'est
pas indemne de critique et de reproche, mais
cependant, à côté du politicien, il y a un peu le
diplomate, et avant tout le littérateur et le savant.
Et ceux qui, à dessein, négligent son talent et sa
science, pour ne nous montrer que le pensionnaire
du Palais Bourbon, ou l'ancien collaborateur des

ministères d'antan, sont des hommes sans sincérité et sans jugement.

Car il est de notoriété publique qu'en dehors de sa laborieuse vie politique, Paul Deschanel est un écrivain remarquable et fécond.

Les quinze volumes qui composent son respectable bagage littéraire, prouvent incontestablement l'importance de son œuvre sociale et humanitaire, qui lui valut, certainement, le fauteuil qu'il occupe à l'Académie.

D'autre part, on a voulu le *blaguer* pour son origine brabançonne; mon Dieu, cet amusement est facile, cependant il est indéniable que, s'il est belge par sa naissance, il est français par toutes les fibres du cœur. Mais à quoi bon parler de cela puisque la Belgique est plus qu'une colonie française : elle est la banlieue de la France !

Passant sous silence ces considérations mesquines, j'ai hâte de parler de ma visite académique.

Lorsque j'arrive quai d'Orsay dans le bel immeuble qu'habite le maître, je prends place dans l'ascenseur et me voilà en un clin d'œil à l'étage et dans l'appartement de l'ancien président de la Chambre.

L'attente ne fut pas longue; aussitôt on m'introduit dans son cabinet de travail, et il me reçoit fort gentiment. J'ai devant moi un homme d'une cinquantaine d'années, barbe et cheveux poivre et sel, un homme d'une grande distinction, à la physionomie agréable et au regard sympathique. Il est dans la pleine fièvre d'un labeur intellectuel. Partout, sur des chaises, sur son bureau, des livres amoncelés, des papiers éparpillés.

Je confesse mes regrets de venir ainsi troubler ses méditations et le prie de vouloir bien me pardonner cette importune visite, imposée par les usages académiques.

A l'instant il me tranquillise, et, avec une amabilité charmante, me dit :

— J'ai lu vos œuvres et comme je vous l'ai déjà dit dans une lettre, je me plais à reconnaître en vos vers une louable puissance de souffle et d'inspiration. Quant à votre candidature, je le dis franchement, vous auriez tort d'escompter d'avance un succès au fauteuil de Coppée, car les candidats sont très nombreux, et tous plus méritants les uns que les autres ; ce qui, soyez-en persuadé, nécessitera plusieurs tours de scrutin.

« N'oubliez pas aussi, que la plupart de vos concurrents ont de solides amitiés parmi mes illustres confrères, et vous savez combien cela influe dans la balance académique.

« En ce qui vous concerne, c'est un cas un peu exceptionnel ; mais, quel que soit le sort qui puisse être réservé à votre candidature démocratique, soyez convaincu que les hommes éminents qui composent l'Académie peuvent être considérés comme les fidèles défenseurs et les véritables amis du peuple.

« Et qui peut être plus près du peuple, que cette glorieuse phalange d'écrivains, d'orateurs et de savants, qui poursuivent sans relâche cette noble tâche de former son esprit, d'élever son âme et de conquérir son cœur. Tous se font un devoir de consacrer leur vie et leur pensée à l'éducation des masses populaires, acceptant, de bonne grâce, la mission qu'un devoir humanitaire semble vouloir toujours imposer au génie.

« Oui, poursuit le maître, l'idéal d'un véritable homme de lettres doit consister à laisser tomber des flots de lumière sur ces générations laborieuses et à leur faire aimer la famille, le travail et la patrie.

« Par la plume et par la parole, par le livre, la tribune et le théâtre même, il faut résolument éduquer le peuple. L'avenir d'un pays, le prestige d'une nation est uniquement là.

« Pour arriver à ce résultat, n'oublions pas que l'auteur dramatique surtout a, par ses œuvres, une influence considérable sur le peuple. Pénétré de ce devoir impérieux, il faut donc qu'il use de tous les moyens ; qu'il emploie le comique ou le tragique, qu'il s'inspire des grands exemples de l'histoire, ou qu'il mette en scène la délicieuse fantaisie de l'imagination, pourvu qu'il fasse naître, dans le cœur de ceux qui l'écoutent, cette émotion palpitante qui fait éclore la haine du mal, ou l'enthousiasme du bien. Ainsi, il se sera rendu utile aux hommes et aura creusé dans les rangs de l'humanité un sillon qui engendrera des fruits. »

Et après cette magnifique envolée vers les régions populaires, le député d'Eure-et-Loir ajouta :

— Bien que je n'écrive jamais de vers, j'aime beaucoup la poésie. A mesure que vous composerez de nouvelles œuvres, adressez-m'en une copie, je la lirai toujours avec plaisir et vous promets de vous dire mon impression. »

Un peu confus et profondément touché de ce témoignage de sympathie, je remerciai le maître et me retirai, en emportant un doux souvenir de cet accueil.

Et m'accompagnant jusqu'à la porte, il me recommanda encore une fois de ne pas me laisser décourager par un premier échec.

XLIII

Chez M. de Freycinet

**La carrière d'un homme politique. — Une visite inutile
— « *Le maître est là sans y être* ». — Une fâcheuse grippe.
— Vaine attente. — Solution prévue.**

Peu d'hommes politiques ont un passé aussi
noble et glorieux que M. de Freycinet. Depuis
près d'un demi-siècle, il a servi le gouvernement
avec un courage et un dévouement auxquels ses
adversaires eux-mêmes savent rendre hommage.

Du reste, si l'on étudie le rôle considérable
qu'il a joué sur la scène du parlementarisme, on
sera forcé de reconnaître que c'est, surtout, son
intelligence et son honnêteté qui lui ont acquis
une réputation, digne de sa longue vie active et
laborieuse.

Gambetta, qui fut le grand ténor du patriotisme exalté et quelque peu charlatanesque, n'eut
pas aux jours mémorables de la proclamation de
la République, cette respectueuse attitude de bon
sens et de pondération, que garda alors M. de
Freycinet, devant les napoléoniens vaincus.

Ancien élève de l'École polytechnique, ingé-

nieur des mines, délégué au Gouvernement de
Tours, ancien préfet de Tarn-et-Garonne, en 1870,
ce sage, militant du nouveau régime, qu'on fon-
dait sur les sanglantes ruines de l'Empire, se distinguait bientôt par son travail et ses mérites, et
ne tardait pas, quelques années après, à devenir
ministre des Travaux publics.

A peine était-il en possession d'un portefeuille,
ce grand orateur, doublé d'un habile diplomate,
continua sa marche ascendante vers les hautes
régions gouvernementales.

Devenu une des lumières et un des leaders du
parti républicain, des Travaux publics il passa
successivement aux Affaires étrangères, où il aplanit
certaines difficultés dans nos rapports internatio-
naux ; de là, il fut choisi comme ministre de la
Guerre, et enfin, le couronnement de sa carrière
politique arriva : il devint président du Conseil,
fonctions qu'il occupa à différentes reprises, durant
longtemps.

Plus tard. élu sénateur de la Seine, membre de
la Commission de l'armée et membre du Conseil
supérieur de l'Exposition universelle de 1900, il
s'effaça de la vie parlementaire, tandis que l'Académie française lui ouvrait ses portes, consacrant
ainsi ses talents d'orateur et d'écrivain.

Pour en venir à ma visite, lorsque j'arrive devant l'hôtel de M. de Freycinet, je suis assailli par
toutes sortes d'idées. Quelle surprise me réserve
cette démarche ? Que va-t-il en sortir de nouveau ?
On ne franchit pas le seuil du domicile d'un

homme aussi considérable sans éprouver une vive émotion.

Quel accueil, pensais-je, va-t-il faire à un *Bistro* qui quitte son comptoir et sa cave pour effectuer à travers Paris cet audacieux pèlerinage académique ?

J'entre. Un valet, resplendissant sous l'éclat d'un *tablier immaculé*, vient m'ouvrir et me reçoit avec une gravité protocolaire. Je le toise ; il me toise; nous nous toisons...Enfin,lui demandant si le maître est là, je le plonge dans une cruelle perplexité. Il ne veut pas répondre oui et n'ose répondre non. Il demeure un instant interdit de surprise ; puis, se ravisant, il me dit, après quelques secondes de réflexion :

— Je ne sais pas, je crois qu'il doit être là..., à moins qu'il ne soit sorti à mon insu.

— C'est compris, lui répondis-je, vous voulez dire qu'il est là sans y être pour tout le monde.

Et comme à cette réflexion, il souriait d'un air approbateur, je lui remets ma carte, le priant de vouloir bien aller la présenter à M. de Freycinet. C'est ce qu'il s'apprête à faire. En attendant, il m'introduit dans un salon, puis il disparaît en fermant soigneusement la porte.

D'ici, de là, je regarde d'un œil distrait. Partout, autour de moi, se déploie le spectacle d'un confortable luxueux, mais cela ne m'intéresse pas au même degré que si je m'étais trouvé dans le cabinet de travail, causant de littérature et d'art avec le maître.

En effet, un salon si beau, si riche qu'il soit dans son ensemble, n'offre qu'une projection assez éloignée et un peu confuse de l'homme. On sent que les choses qui lui sont le plus familières et auprès desquelles il passe la plus grande partie de sa vie, sont absentes. Quelque intérêt que puissent offrir des meubles et des tableaux, ils ne fournissent pas, pour juger un esprit, des éléments aussi précieux, qu'une bibliothèque, ce garde-manger du cerveau.

Soudain, le bruit d'une porte qui se referme retentit et le valet reparaît, m'apportant une malencontreuse nouvelle. Il m'annonce :

— Monsieur est *grippé*, et regrette de ne pouvoir vous recevoir, et, en vous présentant ses excuses, il me prie de vous dire qu'il vous remercie sincèrement de votre visite.

Ces obséquieux remerciements de ma visite, sont de ces perles diplomatiques que l'ancien ministre des Affaires étrangères égrenne avec tant de grâce, malgré ses quatre-vingt-deux ans. Je les ai recueillis précieusement, regrettant que la fâcheuse grippe — *si grippe il y a* — ait pu me jouer un vilain tour, en venant me contrecarrer dans cette démarche, et en me privant du plaisir de causer quelques instants avec l'un des hommes les plus éminents de notre époque.

XLIV

Chez Émile Faguet

Le vieil étudiant.—**Une demeure modeste.—L'académicien
et son poêle. — Ses appréciations sur les candidats.
— Propos d'un facétieux.**

Enfin! me voici devant le *vieil étudiant*, ainsi
qu'il se qualifie lui-même, car il travaille et étudie toujours, semblant avoir pris pour devise ce
mot de Socrate : « Tout ce que je sais, c'est que
je ne sais rien. » Et, avec une ardeur infatigable,
il poursuit chaque jour ses immenses et glorieux
travaux, philosophant à travers les chefs-d'œuvre
de la littérature universelle, analysant celui-ci,
résumant celui-là, dégageant la formule esthétique de tel écrivain ou le caractère général de
telle époque. Depuis longtemps, les plus grands
génies semblent lui avoir dévoilé leurs secrets.

Quoique la maison soit de fort modeste appa-
rence, j'éprouve une certaine appréhension. Quel
accueil vais-je trouver auprès de cet érudit? Mon
bagage littéraire est bien mince, ma notoriété
d'écrivain bien petite, pour aller solliciter mon
admission parmi les Immortels !

Peut-être va-t-il me juger sévèrement ? Mais en somme, il ne s'agit pas de moi, il n'y a, à bien considérer qu'un principe démocratique que j'ai résolu de proclamer, et je monte hardiment les quatre étages, au-dessus desquels le grand critique a son cabinet de travail.

Pas de valet, pas de groom, pas de bonne, pas d'antichambre ; c'est le maître lui-même qui vient m'ouvrir, et, à voir sa figure débonnaire, j'ai, tout d'abord, l'impression que la réception sera bonne.

Je suis en face d'un homme excessivement simple, qui, coiffé d'une chéchia savamment rabattue sur l'oreille, a l'air quelque peu martial.

Autour de moi, une pièce carrée, dont les murailles sont du haut en bas zébrées de rayons, dans lesquels s'alignent, en rangs compacts, toute une armée de livres curieux et rares. Au centre de la pièce, deux tréteaux, sur lesquels reposent des planches quelconques, le tout recouvert d'une vaste toile bleue qui s'arrête à deux doigts du parquet. Et cet agencement sommaire représente la table de travail de l'illustre écrivain.

Dans un coin, un poêle ardent — un vulgaire poêle en fonte qu'on charge et qu'on tisonne à toutes les heures — achève cet ameublement fort simple. Le maître, qui est très frileux, le soigne lui-même, laissant volontiers sa plume pour prendre la pelle, ou le balai, s'occupant quelquefois plus de son feu que de son style, car, disons-le, en passant, il recherche plutôt les idées que les mots riches de notre langue.

Ici, tout enfin se trouve disposé avec une invraisemblable simplicité, et le visiteur étonné ne peut s'empêcher d'être frappé par cet admirable contraste, que M. Émile Faguet ne cesse de manifester, entre son immense réputation, l'ampleur de ses idées et la modestie de sa vie.

Avant de s'asseoir, le maître tisonne soigneusement le feu, car au dehors une bise moscovite flagelle les visages et pénètre jusqu'aux os.

Nous causons d'abord des candidats.

— Oui, me dit-il, la lutte sera chaude, étant donné que les candidats sont nombreux et méritants.

Auguste Dorchain, qui n'est pas un inconnu puisqu'il a obtenu deux prix Montyon, le prix Botta, le prix Émile Augier et le prix Archon-Desperouse; ancien vice-président de la *Société des Gens de Lettres*, auteur dramatique fréquemment applaudi, conférencier très goûté, poète enflammé, délicat et sonore, d'une grande élévation de sentiment, dont l'âme ardente frissonne sans cesse devant la splendeur du vers. Il compte parmi nous de grandes sympathies et ses relations si longtemps suivies avec Henri de Bornier l'ont rendu familier avec la plupart des académiciens. Cependant, son succès n'est pas assuré, il doit compter encore avec Ernest Daudet, qui se présente avec un bagage considérable, après avoir été couronné par l'Académie avec le grand prix Gobert.

Ernest Daudet, personne ne le conteste, est un

romancier de talent, passionné pour les recherches historiques. Il ne répond peut-être pas à l'idéal moderne parce qu'il ne singe pas les grands effets, mais sa langue est forte, claire, précise ; sa phrase intéressante et savoureuse. C'est l'un des traditionnalistes du vrai roman français.

Il y a aussi Jean Lahor, qui, en 1908, a obtenu le prix Carlier ; poète de grande valeur, toujours en extase devant la beauté suprême de la pensée. Il a traduit en vers *le Cantique des Cantiques* de Salomon et dans ses poésies : *l'Illusion, Mélancholia, le Livre du Néant*, comme dans sa prose : *Science et Mariage*, il vole toujours vers un magnifique idéal soutenu par les ailes puissantes de sa science et de son inspiration.

Mais ce n'est pas tout : il faut compter aussi avec Jean Aicard, le poète séduisant de ce Midi de braise et de lumière, dont il aime tant à célébrer la beauté. Encore un lauréat de la docte assemblée ; il a eu le prix Vitet avec *Miette et Moré*.

Jean Aicard est un amant passionné des légendes méridionales, et parmi ses œuvres nombreuses, beaucoup, vous le savez, ont eu un grand retentissement.

Charles de Pomairols est également sur les rangs. Poète éthéré, tendre, délicat, il n'a peut-être pas une notoriété aussi grande que les autres, — ayant eu jusqu'ici peu de contact avec la foule, — mais isolé dans sa tour d'ivoire, se contentant de travailler pour lui, il n'a consenti à faire goû-

ter le charme de ses beaux vers qu'à quelques
intimes capables d'en apprécier le parfum et le
charme.

Enfin — et c'est à dessein que je l'ai gardé
pour la bonne bouche — il y a aussi mon excellent ami Edmond Haraucourt, qui joint à tous ses
glorieux titres de poète, de romancier, de journaliste et d'auteur dramatique, la précieuse qualité
d'avoir adouci ma vie par trente années d'une
amitié inaltérable. Ce détail m'empêche de vous
dire ce que je pense de sa valeur d'écrivain ; vous
m'accuseriez de partialité, mais, vous connaissez
assez son talent pour ne pas être surpris que je
réserve pour lui mon suffrage.

Tisonnant encore son poêle, le garnissant avantageusement, ramassant même avec la main les
morceaux de charbon qui dégringolaient sur le
parquet, il reprit en rectifiant la position de sa
chéchia écarlate :

— Dites donc, de quel côté du Midi êtes-vous ?

Et comme je lui dis que je suis de Nîmes, il
s'écrie :

— Ah ! si Gaston Boissier était là, il se serait certainement intéressé à vous ! C'était un Nîmois,
aussi.

Et après m'avoir félicité de ma candidature
démocratique, l'auteur de *l'Histoire littéraire des*
xvi*, xvii*, xviii* *et* xix* *siècles* m'accompagne lentement, en s'efforçant de m'exprimer toute l'admiration qu'il avait pour mon initiative ; puis, lorsque je le quitte, il me tend affectueusement la

main, me donnant en guise de viatique cette phrase facétieuse :

— Si toutefois je ne votais pas pour mon ami Haraucourt, je penserais à vous.

Et la porte se referme, tandis que, rêveur, je descends l'escalier, pensant au caricaturiste Sem et à la silhouette originale qu'il pourrait faire pour son album des célébrités contemporaines, en allant un jour d'hiver rendre visite à M. Emile Faguet et en le croquant en chéchia, le porte-plume sur l'oreille, le seau à charbon d'une main et la pelle à feu de l'autre !

XLV

Chez Henri Barboux

**Le chapeau de M. de Pomairols. — Notes d'intérieur. —
Les étapes d'un ancien bâtonnier. — Lois et usages
académiques. — Un ennemi de la langue de Mistral.**

En arrivant chez M⁰ Henri Barboux, j'apprends
qu'un de mes concurrents se trouve en conversation avec lui. M'abandonnant au vagabondage
de la pensée, que l'attente solitaire seule engendre,
je tourne la tête et je remarque sur l'un des
fauteuils du salon un chapeau qui semble avoir
été oublié, et, cédant à un mouvement de curiosité, je le regarde d'un œil indiscret. Les ini-
tiales C. P. que j'y découvre, me font comprendre qu'il s'agit bien du couvre-chef de Charles
de Pomairols.

Comme il reste près d'une heure avec le maître, j'ai tout le loisir d'examiner à mon aise la
disposition et l'ameublement du salon, qui est
fort coquet et contient des œuvres d'art d'une
grande valeur.

Je remarque une magnifique garniture de cheminée offerte à l'éminent avocat par l'archevêque

de Paris, en reconnaissance des services juridiques qu'il lui rendit en 1888.

Parmi de nombreux tableaux, je contemple de fort jolis paysages, des portraits d'enfants, des scènes représentant des épisodes de l'histoire romaine, portant les signatures glorieuses d'Harpignies, de Daubigny, de Gabriel Ferrier ou de Rosa Bonheur.

Mention spéciale doit être faite aussi, d'un tableau très original, ayant obtenu le premier prix du Salon, en 1890. Ce tableau reproduit la curieuse figure de l'illustre clerc du Parlement, Jehan Lesveille, élu roy de la Basoche, monarque sans royaume, qui avait néanmoins ses armoiries, sa cour, sa chancellerie, et qui allait en grande pompe rendre la justice, deux fois par semaine, au *Pré-aux-Clercs*.

Toutes ces belles choses me poussant à la rêverie, je songe alors aux grandes étapes de la carrière du célèbre avocat, qui, parti des bancs du collège de Châteauroux, parvint au triomphe, en prodiguant son talent et sa science juridique dans des débats retentissants, dont les plus célèbres sont la défense de Carvalho, lors de l'incendie de l'Opéra-Comique et celle de Sarah-Bernhardt, dans le procès en rupture d'engagement que lui intenta la *Comédie-Française*.

Le cadre du lieu est bien en rapport avec l'homme. Tout ici est noble, grave, élevé ; on sent que l'on se trouve en présence d'un grand orateur doublé d'un grand savant, qui cherche à donner quelque majesté à tout ce qui l'entoure, comme il s'efforce d'atteindre toujours plus d'élévation dans ses pensées.

Enfin, l'entretien accordé à M. de Pomairols se termine et l'ancien bâtonnier m'invite à passer dans son cabinet de travail, pièce très riche et très simple, car ainsi que l'a dit Victor Hugo :

« *L'opulence, la profusion, l'irradiation flamboyante peuvent être de la simplicité : le soleil est simple.* »

Le maître me reçoit comme un ami ; il me parle comme un père. Après m'avoir désigné un fauteuil, il m'adresse ses félicitations, au sujet de ma candidature ouvrière à l'Académie, et m'entretient des lois et règlements qui régissent l'illustre assemblée :

— Mon habitude, dit-il, est de donner des conseils d'avocat et d'enseigner des préceptes de jurisprudence, mais cela ne m'empêche pas de vous fournir des indications sur les usages auxquels doivent se conformer les candidats à l'Académie.

Et il me parle de l'exposition des titres des postulants et de la nécessité presque absolue d'avoir un ou deux parrains, qui soutiennent votre candidature de leur influence et l'appuient de leur autorité.

Me remerciant de l'envoi que je lui avais fait d'un de mes livres, il reprend :

— Je reviens de voyage, et n'ai pas encore pris connaissance de tous les volumes de poésies qui sont là avec tout mon courrier. Le vôtre, je vais le réserver pour le jour où j'aurais quelque loisir, afin de le parcourir à mon aise, car j'aime beaucoup les poètes ; ils apportent dans leurs pensées une précision, une variété d'images, une harmonie que l'on ne rencontre pas évidemment dans la prose. Et certes, je ne doute pas que vos œuvres comme toutes celles des passionnés amants de la muse, n'exhalent un parfum délicieux et suave.

« Vous êtes, je crois, de ce joyeux pays du Languedoc, qui semble avoir été formé avec le sol de la Grèce et le ciel de l'Italie, pays de tant de poètes français, qui portent en eux l'harmonie du rossignol, la grâce éblouissante des fleurs et le rayonnement éclatant du soleil.

« Près de chez vous, se trouve la fameuse fontaine de Vaucluse, immortalisée par les *Canzoni* de Pétrarque. Mais on ne peut parler de la poésie du Midi, on ne peut citer Vaucluse et Pétrarque sans penser à Maillane, ce petit village d'un grand homme.

« Ah ! Mistral ! plusieurs académiciens ont déjà songé à l'élire, mais pensez donc, ce serait un schisme littéraire. Imaginez-vous à l'Académie française un discours de réception en provençal ? Voyez-vous d'ici la *tête* que feraient nos invités de la tribune diplomatique ? Non, quelque admirable qu'elle soit, la langue provençale ne peut être considérée que comme un *patois littéraire*, un dialect natal, susceptible de produire des œuvres remarquables pour ceux qui connaissent particulièrement cette région, mais elle ne peut donner un chef-d'œuvre vraiment national.

« Il est, sans conteste, que nous devons au contraire encourager nos jeunes auteurs à écrire en langue française, afin qu'ils puissent, sans distinction de clocher, faire profiter la nation entière de leur génie et de leur gloire. »

Et sur ces mots, que *je respectais sans les approuver*, je quittai le maître en le remerciant de son bon accueil.

Plus tard, lorsque j'appris qu'une longue et terrible maladie avait anéanti ce grand cerveau, je me fis un devoir et un honneur, d'aller saluer sa dépouille mortelle.

XLVI

Chez Albert Vandal

**Un grand historien. — Lettre du maître. — La Provence
vaut la Grèce. — Une loi antifrançaise. — Les professions libérales.**

Quel est le lettré qui n'aime et ne vénère pas
ce pur et probe historien, qui a écrit des choses
sublimes ?

Toutes ses belles œuvres, écrites avec le souci
de la vérité et avec ce style impeccable qui ho-
nore un homme, forment l'anthologie vivante
d'une époque mémorable.

La France a le droit de se montrer fière de ces
illustres écrivains, qui non seulement par dévouement, mais par amour pour son immortel passé,
consacrent leur érudition, leur talent et leur existence, à retracer les hauts faits des grandes figures historiques.

L'histoire n'est-elle pas le livre d'or d'un peuple, d'un pays ? Où peut-on mieux s'inspirer des
valeureux efforts des hommes qui nous précédè-
rent dans la vie, si ce n'est dans les antiques annales d'une nation généreuse et chevaleresque.

Albert Vandal aime la France passionnément, et il en donne la preuve, en se sacrifiant tout entier à la glorification du génie de nos ancêtres.

Combien de fois n'ai-je pas entendu dire par des amis littéraires mille louanges de ses œuvres ! Cela me faisait d'autant plus plaisir que j'ai toujours été un de ses fervents admirateurs.

Aussi, il y a dix années, lorsque je publiais un deuxième volume de vers, je me fis un devoir et un honneur d'en offrir un exemplaire au maître qui me répondit par la gracieuse lettre suivante :

« Cher Confrère,

« Je vous remercie infiniment de l'hommage que vous me faites en m'offrant vos précieuses *Fleurs de l'âme.*

« Je vous lis avec émotion et vos vers me ravissent.

« Veuillez recevoir, cher confrère, l'expression de mes sentiments distingués.

ALBERT VANDAL. »

Plus tard, lors de la parution d'un autre livre, il me fit parvenir quelques lignes aimables, qui me prouvèrent une fois de plus, sa sympathie. De sorte que, sans me connaître personnellement, l'illustre auteur de *l'Avènement de Bonaparte* m'a toujours témoigné une grande estime.

C'est pourquoi, lorsque j'y allais faire ma visite de candidature, je fus charmé, touché de son gracieux accueil.

A peine avais-je fait passer ma carte qu'avec une amabilité sans pareille, il me reçoit dans son cabinet de travail.

— Je suis content, dit-il, de votre visite, ne vous connaissant que par vos œuvres et par la presse, il me tardait de vous voir personnellement pour vous dire tout le bien que je pense de vos belles poésies, qui exhalent un doux parfum de la Provence. Et la Provence je l'aime, je l'adore, car ce pays superbe et troublant est le flanc le mieux fécondé de notre patrie.

Au cours de nombreux voyages que j'ai faits, où tant de merveilles se sont mises à nu devant mes yeux étonnés, rien ne m'a fait déroger à mes idées, c'est-à-dire que le Midi de la France vaut pour moi toute la Grèce.

Les *grands écrivains*, comme Mistral, Barrès, Bazin et Aicard, qui ont magnifié dans des pages sublimes ces contrées enchanteresses, ne peuvent que confirmer mon opinion.

Puisque vous êtes de Nîmes, je ne veux pas vous dépeindre toutes les beautés idéales renfermées dans ses murs antiques, mais je tiens à vous dire que sa maison carrée, ses arènes et son temple de Diane, font de nous des êtres infiniment petits à côté de l'effort surhumain accompli par nos puissants et glorieux ancêtres.

Non loin de Nîmes, Aiguesmortes, avec sa jolie ceinture de remparts, sa belle tour Constance et son paisible port immortalisé par saint Louis, tout cela Maurice Barrès, qui pense comme moi,

l'a incarné, divinisé dans son magnifique livre :
le Jardin de Bérénice.

Par une transition habile et délicate, passant
de l'art à la politique, Albert Vandal arrive maintenant à me parler de l'impôt sur le revenu :

— A qui fera-t-on croire, me dit-il, qu'une pareille loi n'est pas inopportune et antifrançaise ?
Comment l'Etat pourra-t-il s'immiscer dans le difficile contrôle des affaires commerciales ? Comment procédera-t-il pour faire l'évaluation ou l'es-
timation approximative des bénéfices réalisés ? Il
le pourra, cela est vrai, mais son rôle ne sera plus
un rôle de gouvernement, ce sera, ni plus ni moins,
qu'un odieux système de procédés indélicats, appro-
priés, inhérents à la vexation permanente des con-
tribuables, qu'ils soient employés ou bourgeois,
industriels ou hommes de lettres.

Pour les professions libérales, je me demande
de quelle façon l'on va s'y prendre, vraiment, pour
appliquer d'une manière équitable cette loi. Certains écrivains par leur collaboration effective à
des journaux ou à des revues, par la publication
de leurs livres, ou bien encore, par les reproduc-
tions faites en France et à l'étranger, arrivent, peu
ou prou, à se faire de fort modestes revenus, il
faudra donc qu'ils tiennent une comptabilité des
produits de leurs œuvres comme de vulgaires
boutiquiers ?

Non, voyez-vous, cette loi est une loi inaccepta-
ble, indigne d'un grand pays démocratique !

Il est vrai que notre démocratie n'est pas le

gouvernement idéal que les hommes tels que moi attendent, mais en tous cas, une loi semblable ne peut qu'aggraver le malaise dont le pays souffre, et dont nous-mêmes nous souffrons, aussi.

L'entretien se termine sur ces mots et comme je le salue humblement en disant : « Au revoir, monsieur le comte », le maître [1] me reprend en ajoutant avec un aimable sourire :

— Ah ! non pas, *monsieur le comte*, je suis Vandal et c'est tout...

---

1. Ce chapitre était écrit lorsque j'appris sa mort. Je salue l'homme admirable et loue son œuvre merveilleuse.

XLVII

Chez Thureau-Dangin

En attendant le maître. — Méditations et recueillement. — L'Institut et les génies nouveaux. — Rayons d'espoir. — L'éloge de la famille.

Un dimanche doté d'une matinée superbe, je vais rendre visite au successeur de mon illustre compatriote : Gaston Boissier.

Lorsque je me présente rue Garancière, devant l'austère hôtel du sage et digne secrétaire perpétuel de l'Académie française, le concierge, homme courtois et bon serviteur, ne me berne pas en paroles entortillées. Franchement il dit :

— M. Thureau-Dangin n'est pas chez lui; il est à la messe avec ses enfants. Dans une heure il sera là...

Résigné à l'attendre, je retourne vers mon cocher, que j'avais laissé à la porte, et près de lui je fais alors les cent pas, tandis que des tours Saint-Sulpice, les cloches carillonnent joyeusement dans le calme et la sérénité du ciel, le dernier appel aux fidèles.

Pour un croyant sincère comme moi, cette pénétrante musique de la voix divine du bronze, met en mon cœur attendri, toute une harmonieuse symphonie d'espérance et de réconfort, que la foi puissante et régénératrice y fait vibrer, aux heures propices de méditation.

Oh ! la douce mélancolie, le calme provincial qui régnaient dans cette rue tranquille, où, la plupart des hôtels particuliers ressemblent à des couvents, à des monastères, dont la sérénité imposante me rappelait certains quartiers de la Ville éternelle.

La nature, elle-même, semblait se plaire à augmenter l'intensité de ma rêverie, de ma sensation de poète ému et charmé. Car, étant à la mi-avril, un soleil éclatant et tiède annonçait la résurrection printanière.

Et pendant que je me promenais doucement, en méditant sur les prémices de la saison nouvelle et sur le religieux recueillement de ce coin paisible de la capitale, je pensais, maintenant, à l'intègre et consciencieux historien, qui, sans réclame tapageuse et au milieu de l'affection des siens, a écrit les belles œuvres que tout le monde connaît.

Avocat à la Cour d'appel, auditeur au Conseil d'Etat, orateur distingué des Conférences Labruyère et Molé, Thureau-Dangin est resté toujours l'homme loyal, sincère et bon, passant sa vie à écrire discrètement de beaux livres, qui vivront après lui et que les érudits consulteront toujours avec fruit.

Malgré ses dehors peu démonstratifs et son attitude réservée, que l'on n'aille pas croire que l'illustre auteur de *Saint Bernardin de Sienne* soit, comme on dit vulgairement, un *ours* ; AU CONTRAIRE, le maître, dans sa sagesse impassible, aimant et espérant en la jeunesse poétique, l'évoque et l'encourage, à tout propos, de toute la force de son amour passionné pour la gloire de notre langue.

Et si l'on veut une preuve, entre mille, qu'on lise ces quelques lignes rencontrées dans l'un de ses rapports, sur les prix littéraires annuels, que décerne l'Académie française :

« L'Académie, dit-il, regarde l'avenir non moins que le passé, soucieuse de trouver parmi les générations montantes ceux à qui puisse être transmis, sans qu'il s'éteigne, le flambeau reçu par des devanciers. Il ne lui suffit pas de considérer les hommes d'un talent éprouvé, son regard se porte plus loin ; elle se demande ce qui se prépare dans les rangs de cette jeunesse qui n'a pu encore dévoiler son secret. Elle épie avec une impatience à la fois anxieuse et confiante les moindres signes qui pourraient y présager la venue d'un génie nouveau, prête à le saluer, quelles que soient son étiquette et son école. »

Par ce beau cri, digne d'un cœur français, par cette sublime exhortation adressée à la jeunesse intellectuelle, cette pépinière de nos gloires futures, Thureau-Dangin prouve son sincère amour pour la nouvelle génération des lettres et pour la poésie éternelle.

J'étais plongé dans ces douces réflexions sur notre immortelle langue, quand, soudain la voiture de l'éminent académicien pénétra dans la vaste cour de l'hôtel.

Au bout d'un moment, je me présente et fais passer ma carte. Peu après, je suis introduit dans son magnifique salon, où presque aussitôt M. Thureau-Dangin vient me prendre pour m'emmener dans son cabinet de travail.

Là, assis à son côté, faisant face à un beau buste de Voltaire, ce grand forgeron de notre langue, en peu de mots, j'explique au maître le but de ma visite, et le principe démocratique qui me fait agir, en posant ma candidature ouvrière à l'Académie française. J'insiste, entre autres, sur les idées exposées dans ma lettre-programme adressée à ses illustres collègues et publiée par la presse.

Après m'avoir écouté attentivement et semblant goûter l'originalité de mes prétentions plébéiennes, M. Thureau-Dangin me dit :

— Oui, pour l'instant votre candidature ouvrière est un peu prématurée; mais cela ne prouve pas qu'elle soit impossible dans un laps de temps peut-être très court.

«Dans la vie active et fiévreuse d'un peuple, en prévision des transformations immanentes, tout évolue dans l'ordre logique et fatal, à mesure que le corps social en éprouve l'impérieuse nécessité. C'est vous dire que je ne désapprécie pas votre idée, et qu'au contraire je vous encourage.

«Quant à vos œuvres poétiques, je les ai parcourues avec intérêt ; j'ai vu qu'elles ne manquaient ni d'inspiration, ni de souffle, et que presque toujours, avec beaucoup de grâce et de charme, vous chantiez la nature, la patrie et la famille.

« Oh ! la famille ! vous avez raison de l'évoquer et de célébrer toutes les joies qu'elle donne, tous les bonheurs qu'elle procure au cœur des hommes !

« En ce monde, où l'affection est trompeuse ou vaine, où, les êtres humains feignent de s'attacher mutuellement pour mieux se trahir, c'est encore dans le précieux sanctuaire de la famille que l'on retrouve les plus belles et les plus pures félicités de la vie.

« La famille, voyez-vous, c'est la chaîne d'or qui relie les âmes et nous rive éternellement au sol et à la patrie. »

Méditant ces douces paroles, je me préparais à me retirer, quand M. Thureau-Dangin, calme et souriant, s'avança vers moi et me dit en me serrant la main :

— Je vous souhaite une bonne réussite ; j'applaudirai volontiers à votre succès.

Et le maître alla tout de suite prendre place à la table de famille, où déjà tous ses enfants l'attendaient.

XLVIII

Chez le vicomte de Vogüé

Le parfait gentilhomme. — Retour de voyage. — Hom. mage aux humbles. — A propos du *Roman Russe*. — L'horreur du naturalisme.

J'étais annoncé depuis un instant et m'extasiais déjà devant les belles et vénérables toiles les magnifiques tentures d'Orient et les mille autres richesses artistiques, qui font le somptueux décor de l'antichambre-salon, lorsque, à mon côté, le maître ouvrant une porte, s'avança vers moi, me serra la main, en me priant de passer dans son cabinet de travail. Là, ce parfait gentilhomme oubliant mes origines prolétariennes et la modestie de mon métier de *bistro*, me dit d'une voix brève et sonore, scandant les mots avec des gestes énergiques :

— J'arrive d'Egypte, où j'ai vu ou revu avec enthousiasme tant de beautés qui m e sont chères. Je reviens mieux portant que jamais, tout fier des précieuses notes que j'apporte et tout heureux de retrouver le calme et le recueillement de mon *home*, où j'aime tant vivre avec mes amis les livres.

« En rentrant, j'ai pris connaissance de la foule
e volumes envoyés en mon absence ; j'ai parcouru
s vôtres. Vous êtes, en substance, comme tous
s poètes, et naturellement vous ne faites pas ex-
eption à la règle ; vous avez parmi vos œuvres
iverses de très beaux vers et de moins beaux.
e ne veux pas vous flatter en vous disant que
ous avez la maîtrise de nos meilleurs auteurs
lassiques, mais je tiens à vous témoigner ma vive
ympathie et vous encourager à persévérer.

« J'ai toujours applaudi de grand cœur l'ouvrier,
ui, après sa tâche accomplie burine des vers
ans la solitude du logis.

« Pour ma part, j'ai même un faible pour les
etits et les humbles, car c'est encore dans leurs
angs où l'on rencontre les plus beaux exemples
e persévérance, de dévouement et d'abnéga-
ion.

« Coppée, qui fut le poète populaire par excel-
nce, a su tirer des faits et gestes de ses modes-
es héros formant l'admirable royaume des déshé-
ités et des braves, des sujets sublimes, qui ont
ait le succès de ses livres, en immortalisant son
om.

« La France démocratique n'en produira jamais
ssez de ces âmes simples et nobles, ne vivant
ue pour faire le bien, en s'imposant de plus en
lus de nouveaux devoirs et de plus purs sacrifices.

« Comme vous le savez, chaque année l'Acadé-
ie française consacre une de ses séances à ces
nfatigables praticiens du courage et de la vertu

et se fait un grand honneur de les récompense
dignement.

« Pour en revenir à votre candidature, je vou
dirai franchement que vous êtes beaucoup d
poètes à briguer le fauteuil de Coppée — et certe
j'ai des amis autant valeureux les uns que le
autres — je ne sais encore à qui je donnerai m
voix ; en tous cas, je vous le répète, croyez e
ma sympathie. »

A l'entendre parler avec tant de force et d
conviction, j'étais loin de penser que dans l'ombr
la mort le guettait.

Et maintenant, le célèbre auteur des *Morts qu
parlent* ne parle plus; il est parti loin, très loin
il est parti, comme on dit, pour ce grand voyag
duquel l'on ne revient plus.

Tous ceux qui tiennent une plume, tous ceu
qui s'intéressent à la gloire de notre langue, au
ront à cœur de saluer cet éminent écrivain, c
fervent idéaliste, digne fils de cette France, qu
ses aïeux défendirent et aidèrent à faire grand
et forte.

Et pour honorer sa mémoire, il m'est doux d
jeter un rapide coup d'œil sur son œuvre :

Infatigable pèlerin des cités orientales, c
homme, énergique et convaincu, voyait dans tou
créature humaine, autre chose que la matière vu
gaire, il y voyait l'âme.

En une époque troublée par le réalisme trion
phant, à un moment critique où la science aveug
ou incertaine croyait ressusciter du néant mat

liste d'inexplicables théorèmes, semblant nier
s idées et ses croyances, M. de Vogüé, obéissant
a nature ardente et combative se jetait violem-
ent dans la mêlée littéraire et écrivait en tête
son *Roman Russe* ce bel évangile qui se ré-
me ainsi :

« Je crois pour ma part, dit-il, que sans remon-
à des causes vieilles comme le monde, il suf-
de dire pour expliquer l'intensité de la crise
tuelle que le pessimisme est le parasite naturel
vide et qu'il habite forcément là où il n'y a
us ni foi ni amour.

« La littérature réaliste nous a laissé le champ
re au matérialisme, parce qu'elle manque du
ns divin et du sens humain. Inaugurée par
ndhal, consommée par Flaubert, vulgarisée
ns le même esprit par les successeurs de ce der-
r, elle a failli à sa tâche, qui était de consoler
humbles et de nous rapprocher d'eux, en nous
faisant connaître. »

Comme on le vit par la suite, cette intervention
ergique de M. de Vogüé portait brutalement
grand coup au naturalisme de Zola et éle-
t, dès ce moment, la littérature française vers
hautes régions d'un idéal resplendissant, qui
vait à coup sûr produire de nombreux chefs-
euvre.

Écrivain, romancier, philosophe, il avait en lui
e conception géniale et une profondeur de sen-
ent sur l'Art, qui lui permettaient d'aborder
ec succès tous les genres et tous les sujets.

L'Orient, cette terre d'enchantement et de dé
solation, ce berceau des dieux défunts et des ci
vilisations anciennes, grisa, troubla son âme e
nous valut, parmi tant d'autres beaux livres, c
pur joyau littéraire : *Voyage au pays du Passe
Syrie, Palestine, Mont Athos.*

A travers son œuvre immense — puisqu'il
publié plus de vingt volumes — l'on retrouv
toutes les qualités précieuses que possèdent no
meilleurs maîtres. Esprit subtil et raffiné, avec c
style alerte et coloré dont il gardait le secret,
savait donner la vie aux hommes et aux choses

Descendant d'une vieille famille vivaraise, di
gne rejeton de cette vaillante race de preux, M. d
Vogüé resta sans cesse fidèle et dévoué à ses con
victions et à sa patrie.

Saluons encore et toujours ce brave cœur, c
noble écrivain qui glorifia les lettres et honora l
France.

XLIX

Chez Francis Charmes

Fils de cet antique peuple d'Arvernes, de ce
peuple qui infusa à la continuité de sa race ce
sang généreux et fécond, devant produire à travers les âges, des soldats, des littérateurs et des
savants, Francis Charmes ne pouvait mentir à
son origine. Par son travail opiniâtre et ses hautes qualités intellectuelles, il était écrit qu'il devait honorer la littérature française. Et il l'ho-
nore, en effet, par un zèle implacable qui ne se
dément point malgré la soixantaine sonnée.

L'amour de l'art, le culte de la beauté, tels
sont les nobles sentiments qui animent sa pensée
et soutiennent l'ardeur de sa nature expansive.

A côté du *bucheur* infatigable, il y a aussi
l'homme gai, accort et plein de mansuétude pour
tous ceux qui s'adressent à lui, et quiconque ne
l'a pas approché, ne peut se faire une idée de la
franche bonhomie et du charme séduisant qui se
dégagent de sa personnalité.

On peut dire, avec raison, que son nom prédestiné : Charmes, justifie pleinement son caractère et dévoile la magnanimité de son âme.

Il faut le voir présider ces attrayantes fêtes de l'Auvergne parisienne, et le voir mêlé à la foule de ses compatriotes, pour se rendre compte de la sympathie qu'il inspire et de la popularité dont il jouit, auprès de tous.

Oh ! ses discours improvisés dans la joie communicative de ces harmonieuses réunions amicales ! comme ils flairent bon l'odeur des foins des riantes plaines cantaliennes ! Comme ils nous rattachent à nos jolies montagnes, à nos douces croyances à notre chère petite patrie, où dorment nos ancêtres ! Les traditions, la famille, toutes les joies, toutes les consolations du sol natal, sont pieusement évoquées en des phrases simples et belles, d'où jaillissent, en rythmes palpitants, la sincérité et l'émotion d'un cœur voué tout entier au culte de sa terre auvergnate.

La première fois que j'eus l'honneur de lui être présenté, c'était au cours d'une de ces magnifiques fêtes entre *pays*, où, la poétique *Bourrée* figure toujours au programme. Aussitôt, il m'entraîna dans un coin de la salle, et en choquant une coupe de champagne, nous parlâmes du journalisme et de la littérature.

Peu après, nous nous perdions dans la foule des invités, tandis qu'aux accords harmonieux des *musettes* et des *cabrettes* authentiques, le bal s'ouvrait avec cette fougue passionnée et cet engouement naturel qui distingue la verte jeunesse montagnarde.

Sur le tard, se retirant, M. Charmes m'offrit une poignée de main et me quitta avec ces mots aimables :

— Venez donc me voir un matin, entre dix heures et midi, à la *Revue des Deux-Mondes* ; nous parlerons à notre aise des choses qui nous sont chères.

Je lui promis donc, en le remerciant d'avance. Tout d'abord, cela me plaisait beaucoup. Mais, par la suite, me laissant dominer par des scrupules plus ou moins justifiés, je restai longtemps sans répondre à sa gracieuse invitation.

Pourtant, parfois, en souvenir de cette brève entrevue, qui m'avait impressionné si profondément, par la simplicité de l'illustre académicien, je me rappelais les livres que j'avais lus, où l'on me racontait avec force détails comment son digne prédécesseur, cet audacieux et génial Buloz, ce grand remueur d'hommes et d'idées, était arrivé à fonder ce puissant magazine de littérature, d'érudition et de science.

Je revivais alors toutes les péripéties auxquelles cet étonnant Buloz avait eu l'énergie de faire face, pour triompher d'une infâme coterie, qui ne voulait rien moins que s'approprier impunément le fruit de son œuvre admirable, que quatorze années de travail avaient consacrée.

Le temps, qui perpétue l'oubli et cicatrise les plaies de l'injustice ou de l'erreur passait toujours,

et ma promesse de visite était totalement oubliée,
lorsque ma candidature à l'Académie française me
remit en mémoire le nom de M. Francis Charmes
et me rappela au devoir qui m'incombait.

Et après quelques hésitations mêlées de regrets
et de repentir, je me décidai enfin à aller le voir.

Un matin, par un de ces temps bien parisien,
humide et glacial, me voilà donc à la *Revue des
Deux-Mondes*, dans cet hôtel imposant et vénérable, dont la distribution des salles du rez-de-chaus-
sée, ressemble absolument à une banque — à une
banque de l'esprit, je veux dire. Oyez plutôt : Des
multiples bureaux, demi-cloisonnés, attenant les
uns aux autres ; des nombreux guichets toujours
ouverts au public ; un personnel d'élite, dévoué
et complaisant comme il sied ; une foule de clients
sélects et tranquilles. Tout cela donnerait tout
d'abord l'illusion d'un grand établissement finan-
cier si l'on ne savait que c'est là le conserva-
toire de notre langue, ou le temple de la littérature contemporaine.

Montant au premier, un digne employé me reçoit dans un vestibule, me fait passer dans un
salon de lecture et s'éloigne en me priant d'attendre quelques minutes. Et, dans un informe amon-
cellement de revues françaises, de périodiques
de tous les pays, je fouille à loisir et remarque,
çà et là, quelques beaux spécimens des importantes publications qui font l'échange avec la *Revue
des Deux-Mondes*.

J'aurais voulu rester une journée, que dis-je ?

un mois autour de cette savoureuse *pitance* intellectuelle ; malheureusement il n'en fut pas ainsi, car un instant après, l'employé de tout à l'heure venait docilement couper court à mon rêve, en m'invitant à le suivre à l'étage supérieur, où le maître m'attendait dans son cabinet directorial.

Dès que j'arrivais auprès de lui, l'impression fut douce et bonne, et, après quelques mots de politesse, il me désigna un fauteuil auprès du sien et la conversation s'engagea :

— Enfin ! vous voilà décidé à venir me voir, commença-t-il, il a fallu l'événement de votre candidature ouvrière à l'Académie pour que vous songiez à me rendre visite. Eh bien ! vous le croirez ou non, il est trop tard pour m'intéresser utilement à vous. J'ai déjà promis ma voix. Pensez donc, l'élection a lieu dans quelques jours ! Il faudra vous en consoler...

« Pourquoi n'êtes-vous pas venu plus tôt ? Vous savez pourtant combien j'aime ces braves ouvriers de la plume, ces humbles poètes du terroir qui honorent et glorifient nos belles provinces françaises. En somme, votre attitude réservée à mon égard, je ne veux l'attribuer qu'à un excès de modestie de votre part. »

Et tandis que j'écoute le maître, en méditant les paroles que sa voix scande et que sa main droite souligne, je me sens pris de sympathie pour lui, et, plus que jamais, je le répète, j'admire et je loue sa grâce et sa simplicité.

— Vous écrivez dans les journaux d'Auvergne,

reprit-il, bien que vous ne soyez auvergnat que par vos ancêtres, vous aimez et restez toujours attaché à ces belles contrées montagnardes, qui, à elles seules, forment sur le continent latin une Suisse française.

« D'ailleurs, l'Auvergnat est un type particulièrement intéressant et remarquable. A tous les points de vue, il personnifie la saine et robuste race des Gaulois. Sa bonté, son courage et sa générosité sont légendaires ; sa sagesse, sa franchise et son honnêteté, en les mariant à cette économie proverbiale qui est la maîtresse de leur qualité, on en conclut que les meilleurs Français, que les hommes les plus sociables et les plus *complets*, si j'ose dire, nous les devons à l'antique et glorieuse terre de Vercingétorix.

« Fidèle à son nid comme l'oiseau, aimant la famille comme son Dieu, le peuple d'Auvergne est admirable dans la sincérité de ses sentiments politiques et religieux. Il est franchement républicain, mais, les puissantes croyances auxquelles il se donne tout entier demeurent intactes, et rien, entendez-vous, rien, ne pourra ébranler sa foi ardente et vivace.

« En temps normal, et même aux heures de fièvre électorale, des tribuns factieux peuvent aller conférencier, à leur aise, à travers ces vaillantes populations de nos montagnes ; ils peuvent à leur gré semer au vent de la folie déclamatoire les conceptions chimériques de leurs cerveaux atrophiés ; ils peuvent dauber dur sur la religion, la famille et la propriété, et, lorsqu'ils auront cogné sur tout, en prônant l'âge d'or du socialisme révolutionnaire, et en exhortant à la révolte, par l'apologie de l'antimilitarisme, ils verront alors que leurs efforts resteront nuls et que le vieux sol d'Arvernes demeure toujours réfractaire aux théories absurdes, débitées par des misérables et des fous, tels qu'eux. »

Et de la tête approuvant le maître pour ses paroles pleines de bon sens et de justice, je me retirai avec une douce émotion, tandis que la porte s'ouvrait et que des cartes glissées auprès de l'éminent académicien annonçaient de nouveaux visiteurs.

L

Chez Paul Bourget

Psychologue et analyste. — Barrès et Bourget. — Un regard sur son œuvre. — Paroles sincères. — Une lettre du maître.

Je ne crois pas m'écarter de la vérité lorsque je dis que l'auteur de *Cruelle Enigme* est, de nos jours, l'un des princes de la psychologie moderne, régnant dans une auréole de gloire sur le piédestal qu'il s'est dressé avec les quarante volumes dont se compose son œuvre colossale.

Parmi la pléiade des écrivains contemporains, Paul Bourget est, en effet, l'un des puissants et rares cerveaux qui possèdent le don génial et la perspicacité requise en ceux qui se donnent la subtile mission de lire dans les âmes.

Seul, Maurice Barrès, cet autre titan de la pensée, peut marcher de pair avec lui et l'égaler, autant comme professeur d'énergie que comme directeur de conscience.

Si l'on déchiffre individuellement ces deux mentalités créatrices dans la conception métaphy-

sique de leurs multiples productions, on arrive
à cette solution mathématique que l'intime et prodigieuse méthode du père de *Colette Baudoche*
est la sœur siamoise de celle dont se réclame
Paul Bourget.

Peut-être, après une minutieuse analyse, pour-
suivie à travers les œuvres de l'un et de l'autre,
pourrait-on remarquer quelques légères lignes de
démarcations, quelques insignifiantes tonalités
entre leurs procédés psycho-biologiques, mais
abstractions faites de ces vétilles scientifiques,
j'aime mieux, sans insister davantage, les marier
dans mon admiration, en une communauté de
génie.

Dès ses débuts dans les lettres, Paul Bourget,
comme tous les cœurs épris d'idéal, subit la fascination, l'hypnotisme de la déesse poésie. Tout
d'abord, ses premiers vers timides et profonds
nous dévoilèrent un curieux chrétien — un être
impressionnable, sans foi, mais respectueux des
croyances d'autrui.

Plus tard, délaissant volontairement ses rimes
de jeunesse, qu'il avait pourtant frappées à l'effigie de la beauté, ce futur doctrinaire devait, suivant la loi fatale de la vie, s'aiguiller dans la
courbe d'une positive évolution, où le délicat observateur et le pur analyste devaient se révéler
au monde des lettres.

Ses livres, depuis *le Disciple* jusqu'aux *Détours
du cœur*, en passant par *Terre Promise, Cosmopolis, l'Emigré, l'Etape* et *Un Divorce*, sont en quel-

que sorte l'affirmation synthétique des puissantes ressources de son génie.

Les autres volumes qui vinrent après, ses *Essais de psychologie contemporaine, Cruelle Enigme* et *la Physiologie de l'amour moderne*, surenchérirent sur ses premières œuvres et le sacrèrent définitivement comme le plus perspicace et le plus étonnant *liseur d'âmes* de ce siècle.

Profondément antidémocrate, fervent apôtre du traditionnalisme et de la décentralisation, cet authentique Picard, qui se plaît à reconnaître, avec certaines raisons valables, les inconvénients du suffrage universel, à donner, par sa conversion à la doctrine du nationalisme intégral de Charles Maurras, une consécration éclatante, une force de persuasion, qui, elle-même, a peut-être décidé la sincère évolution politique de Jules Lemaître.

Certes, ce n'est pas ici dans ce livre que l'on peut étudier et résoudre ce délicat problème. La seule constatation que je veuille faire, en passant, c'est de démontrer jusqu'à l'évidence, que le beau rôle d'analyste et de théoricien de Paul Bourget, a influé d'une façon considérable, non seulement sur l'idéal littéraire mais sur la nécessaire réalisation d'un gouvernement traditionnel et héréditaire, suivant la conception raisonnée de Maurras.

A le juger par ses écrits, je croyais trouver en ce fils de mathématicien un homme grave, d'un abord froid ; l'éminent académicien est le plus expansif, le plus affable des enfants de cette belle et glorieuse Picardie.

Dès qu'il me voit, il s'avance gracieusement et s'écrie :

— Ah ! c'est vous, Pons ; je connais vos œuvres depuis longtemps. Votre candidature à l'Académie est un coup d'audace digne d'un poète courageux comme vous. Et puis vous êtes méridional ; vous avez cette foi ardente, ce bel enthousiasme qui caractérisent les gens de votre pays et que tout le monde aime et admire.

Vous ne serez pas élu, c'est entendu, mais votre acte louable et énergique vous fera connaître de la France entière. Voyez déjà la presse parisienne, avec quel empressement elle s'est occupée de vous. *Le Gaulois, le Figaro, le Temps, le Matin, les Annales politiques et littéraires* et tant d'autres journaux ou revues, ont cru devoir publier sur votre candidature ouvrière des articles très curieux, dans lesquels, en dehors de la note gaie, on envisage l'éventualité d'un événement de ce genre.

Evidemment, à travers tout cela, l'ironie perce ; mais, n'oubliez pas que l'ironie c'est la fleur de l'esprit parisien, c'est la monnaie avec laquelle tout écrivain *se paye* gratuitement la tête des autres.

Ne vous découragez pas, continuez vos visites académiques ; tous mes illustres collègues, qui savent apprécier et aimer les humbles, seront très heureux de vous recevoir et de vous connaître.

Sur ces paroles, je rappelai à M. Paul Bourget la fort jolie lettre qu'il m'avait adressée, il y a dix ans, lors de la publication d'un de mes livres. Et comme le maître, cherchant dans sa mémoire, paraissait ne plus s'en souvenir, je la lui montrais avec orgueil, en le priant de m'autoriser à la reproduire. Voici les termes de cette lettre :

« Monsieur et cher Confrère,

« Tous mes remerciements pour la gracieuse pensée que vous avez eue d'inscrire mon nom à la première page de votre recueil.

« J'en ai beaucoup goûté l'inspiration. L'endroit d'où je vous écris m'a rendu particulièrement sensible à votre page sur la Provence.

« Je vous reprocherai seulement d'y avoir employé le mot *barbarie* dans une acceptation où j'aimerais mieux *barbare*.

« Excusez cette chicane, et conservez-moi, je vous prie, votre sympathie dont le témoignage spontané m'a profondément touché.

« Veuillez recevoir, monsieur et cher confrère, mes compliments les meilleurs.

Paul Bourget. »

A la lecture de cette lettre, le maître s'exclame joyeusement, en essayant de mieux camper son lorgnon :

— Ah ! oui, j'y suis ; c'est du Plantier Costebelle, près d'Hyères, ma résidence provençale, que je vous fis parvenir ce billet d'encouragement.

Depuis, mes idées n'ont pas changé ; au contraire, aujourd'hui mieux qu'à cette époque lointaine, je constate, je vois que vous êtes dévoué et méritant. Je ne puis que vous encourager plus fortement que jamais.

Cela dit, Paul Bourget me quitte et va rejoindre au salon quelques amis qui l'attendent, et desquels il s'est séparé tout à l'heure, pour venir causer avec un importun de ma trempe.

Lorsque je sors, les harmonieuses statues allégoriques, *la Pitié*, *la Muse*, *l'Inspiration*, que j'admire sur mon passage, semblent avoir pour moi un regard de compassion et de grâce.

LI

**L'élection académique. — Mon pessimisme. — A qui le
bulletin de vote? — Ma lettre à Barrès. — Propositions
américaines.**

J'en étais à ma vingtième visite, quand le jour
de l'élection arriva et vint paralyser les efforts
que je dépensais en effectuant ma tournée académique.

D'après mes prévisions, malgré le bon accueil
que m'avaient fait la plupart des Immortels, jamais je ne pensais obtenir un suffrage.

Toutes les belles paroles, entendues chez les
uns et chez les autres, tous les encouragements
plus ou moins sincères, que j'avais récoltés en
poursuivant ma campagne autour de l'urne *verte*,
rien n'arrivait à changer mon opinion sur l'issue
de cette téméraire course à *l'épée* que je prévoyais désastreuse.

Pourtant, je dus en rabattre de mes pronostics
pessimistes, et le soir de l'élection, lorsque dix
journalistes, venant pour m'interviewer, m'apprirent que j'avais obtenu une voix, je fus, je dois
le dire, profondément ému de cet hommage dis-

cret à ma personne et à mon œuvre, on ne peut plus modestes.

Après ce résultat, qui était comme le couronnement de ma candidature démocratique, dans la presse, dans les salons parisiens, on se plut pendant huit jours à chercher quel était l'académicien qui m'avait donné son vote. A tous les reporters qui m'interrogèrent à ce sujet, je pris plaisir à brouiller les cartes, c'est-à-dire à égarer les soupçons sérieux, en disant aux uns, que ma voix académique devait être celle de Richepin ou de Mézières, alors qu'à d'autres je prononçais les noms de René Bazin, d'Hanotaux, ou bien encore ceux d'Albert Vandal ou d'Haussonville.

Au milieu des suppositions les plus saugrenues et des investigations les plus minutieuses des journaux, moi, seul, qui savait le nom de mon illustre électeur, je gardais le secret, et m'amusais, pendant une semaine à ce jeu divertissant, auquel toute la presse se livrait quotidiennement ; jeux qui consistait à déchiffrer cette énigme, en posant toujours cette question devenue à la mode : « Mais quel est donc l'immortel qui a voté pour le bistro-poète Pons ? »

Un journal alla même jusqu'à consulter une somnambule, qui répondit : « Ce vote est celui d'un homme de taille moyenne roulant dans la soixantaine, érudit jusqu'au bout des ongles, travailleur acharné et fort estimé par ses dehors démocratiques ».

Ce portrait assez vague, semblant correspondre à celui d'Emile Faguet, l'illustre écrivain fut donc bien à tort désigné comme l'auteur de ce vote.

Enfin, l'orage des fables et des racontars se calma, sans qu'ait été aucunement révélé le nom de l'immortel qui m'avait accordé son suffrage.

Moi, qui, dès la première heure de ma candidature avais eu, de Maurice Barrès, la sincère promesse d'obtenir son vote académique, je ne me trompais pas de nom, et, au lendemain de l'élection, en reconnaissance de son « geste », je lui adressai cette lettre de remerciements qui lui parvenait en son château de Mirabeau (Vaucluse), château dans lequel, tous les ans, le grand écrivain passe le mois de mai :

« Mon cher Maître,

« Il m'est doux d'accomplir un devoir de reconnaissance envers vous : celui de venir vous remercier chaleureusement de votre beau « geste » démocratique.

« En vous témoignant toute ma gratitude, mon bonheur est d'autant plus grand, que je sais que ces mots sincères vous arriveront en cette noble terre provençale, qui est, et restera toujours le berceau de l'Art et la source de notre harmonieuse langue.

« Vous qui êtes demeuré si dévotement en extase devant les éternelles beautés de la Grèce et de l'Italie, vous n'avez certainement pas moins

senti l'ensorceleuse et douce fascination des vieilles reliques gallo-romaines, qui vous entourent
en cette attique virgilienne, patrie d'Aubanel et
de Mistral.

« Du reste, vos livres, qui sont des bréviaires
pour les lettrés et les penseurs nous font goûter
les délices de vos sublimes visions esthétiques,
de vos conceptions troublantes.

« Continuez donc, mon cher maître, à rêver sous
ces cieux magiques, où le soleil chante la vie, où
la terre parle d'amour. Votre génie qui ressuscite
la fidélité, les traditions et la foi de nos chers
aïeux, mérite de régner comme une divinité antique sur ces belles provinces latines que l'on
nomme : Provence et Languedoc.

« Avignon, Nîmes et Arles, les voilà les glorieuses villes enchanteresses qui s'offrent à votre
admiration et doivent conquérir votre âme et
tenter votre plume.

« Tôt ou tard, interrogez-les, ces temples, ces
palais et toutes ces précieuses ruines des premières et grandioses éclosions d'art produites par
des esthètes géants, disparus, mais non oubliés ;
ils vous diront d'aussi saintes choses que vous
ont déjà dites les vénérables châteaux de l'Est et
les pieux sanctuaires de votre chère Lorraine ; ils
vous diront les grandeurs et les fastes de leurs
époques mémorables et peut-être les intimes
secrets de leur immortelle beauté.

« Et ces douces réflexions faites, je termine en
affirmant que votre œuvre admirable, comme celle

du divin poète Mistral, restera à jamais vivante dans tous les cœurs français, parce que le souffle puissant qui s'en exhale réveillera en nous les nobles énergies, et nous fera toujours aimer nos ancêtres, notre sol et nos croyances.

« Encore une fois, merci de votre beau geste, et recevez, cher maître, mes respectueuses salutations.

MICHEL PONS. »

Le jour même où j'adressais cette lettre à Barrès, une aventure peu ordinaire vint m'égayer un instant. J'aurais mauvaise grâce à ne pas la consigner ici, à titre de curiosité. Il était trois heures. Je rentrais d'une course, lorsque d'une automobile, s'arrêtant devant ma porte, descendirent deux élégants personnages, qui aussitôt pénétrèrent dans mon restaurant et en un français douteux, demandèrent à me parler.

C'étaient deux Américains qui venaient me faire, comme on va le voir, une proposition très amusante.

L'un d'eux, qui paraissait mieux s'expliquer en notre langue, après m'avoir félicité de ma candidature ouvrière à l'Académie, me dit, avec un enthousiasme peu commun chez un yankee :

— Nous venons pour vous faire du bien, si vous voulez vous entendre avec nous, pour organiser une affaire importante, en notre pays. Nous voudrions, avec vous, fonder un cabaret artistique à New-York. Nous vous donnerons toutes les banknotes nécessaires pour cela, et vous gagnerez certainement avec nous beaucoup d'argent. Dites-nous si vous voulez venir en Amérique tout de suite... Vous serez content de nous...

Sur ces paroles, je répondis aux deux étrangers que j'avais de la famille, que mon commerce me suffisait pour vivre et qu'enfin aimant ma patrie et n'ayant pas d'ambition, je ne désirais qu'une chose : vivre tranquille auprès des miens. Ces mots suffirent à les éclairer sur mes idées.

Quand mes deux hôtes se retirèrent, ils n'avaient pas l'air satisfait de leur démarche, et l'un d'eux, me dit en reprenant place sur l'automobile qui les attendait :

— Vous regretterez plus tard, l'affaire que nous vous proposons, ce jour...

LII

Quelques mois après l'accomplissement de cet
acte de démocratie académique, dont la presse
de tous les pays se plut à souligner l'originalité,
heureux, touché de la sympathie que m'avait
spontanément montrée Maurice Barrès, en me
donnant son suffrage, je cherchais longtemps par
quel moyen et de quelle façon je pouvais lui témoigner dignement ma reconnaissance.

Car le geste réfléchi et sincère de Barrès avait
une signification considérable — pour qui connaît
l'esprit infiniment délicat et profondément subtil
de l'auteur des *Déracinés* — et constituait pour
moi un encouragement précieux, en même temps
qu'une incontestable consécration littéraire.

Enfin, une heureuse idée me vint. Et à quelque
temps de là, à l'occasion de l'anniversaire du
beau geste du grand doctrinaire, et en retour de
sa gratitude, je me préparais à offrir à Barrès un
souvenir tangible et durable.

A cet effet, je donnais mission au maître statuaire Léo Roussel, lauréat de l'Institut, de graver dans le bronze la noble tête romantique de mon éminent protecteur.

Comme je m'y attendais, le pur artiste qu'est Léo Roussel s'acquitta admirablement de sa tâche. Il mit dans l'exécution du beau médaillon de Barrès, son illustre compatriote, toutes les ressources de son talent, toute la flamme de son âme lorraine. Il exécuta d'autant plus merveilleusement cette œuvre d'art qu'il la voulait digne du génie de l'homme auquel elle était destinée, et digne enfin de sceller la reconnaissance d'un humble poète pour un immortel penseur et un grand Français.

La remise de cette belle plaquette en bronze eut lieu le mercredi 29 juin 1910, à onze heures du soir. Ce soir-là, sortant d'un banquet que ses électeurs lui avaient offert chez Véfour, au Palais-Royal, M. Maurice Barrès entraîné par les conseillers municipaux du premier arrondissement, — qui eux, déjà, connaissaient secrètement mon projet, — se laissait conduire au hasard de la promenade, et arrivait enfin dans mon modeste établissement sans se douter de la petite fête qui allait être improvisée en son honneur.

Un peu surpris, tout d'abord, de trouver là une douzaine de journalistes et un terrible photographe, qui avait déjà braqué son appareil dans la salle, Maurice Barrès, n'hésita pas à suivre quand même tous ses amis et de bonne grâce, il prit place autour d'une immense table recouverte d'une nappe blanche. Au centre de cette table sur un socle enguirlandé de roses reposait, voilé de blanc, le portrait de l'illustre écrivain.

A l'instant, je m'approchais respectueusement de Barrès, et retirant le voile qui cachait l'image de ses traits, je lui dis avec une émotion mal dissimulée :

— Mon cher maître, comme témoignage de reconnaissance du beau geste que vous avez eu pour moi lorsque j'ai posé ma candidature ouvrière à l'Académie française, veuillez accepter ce médaillon en bronze. Vous avez tant fait pour moi, en vous intéressant particulièrement à ma personne et à mes modestes écrits littéraires ! Vous êtes vraiment un grand cœur, et le souvenir que je vous offre aujourd'hui est bien peu de chose, en retour de la condescendance et du dévouement dont vous avez fait preuve, à l'égard de l'humble plébéien que je suis. Jamais je n'oublierai l'accueil sympathique, qui, par vous me fut réservé, lorsque, sans vous connaître, j'osai venir vous voir à propos de l'élection académique.

Plus tard, vous vous souvenez, mon cher maître, au moment où je vous faisais parvenir ma lettre de candidature, vous m'avez dit : « Votre acte démocratique est fort louable ; je m'y intéresse beaucoup et je vous encourage à persévérer dans cette idée prolétarienne, qui me paraît très rationnelle. Du reste, comme je vous sais méritant, j'agirai, je ferai quelque chose pour vous. »

Cela se passait quarante jours avant l'élection.

Et pendant quarante jours, vous avez porté dans
votre tête ce nom : Michel Pons.

Et M. Maurice Barrès prenant à témoin la nom-
breuse assistance confirma cette déclaration en
souriant :

— C'est vrai ! c'est vrai ! dit-il.

— Aussi, repris-je, au jour du scrutin académique vous avez mis dans l'urne un bulletin portant mon nom. Encore une fois je vous en remercie du fond du cœur.

— Ce sacré Michel Pons ! Mais il viole tous
les secrets, s'écrie joyeusement Barrès. Enfin,
continua-t-il, je suis tout de même profondément touché de cet hommage et je me fais
un devoir de lui adresser mes sincères remerciements pour ce précieux gage de reconnaissance. »

Et le champagne, qui est toujours le pétillant
convive de toutes les cérémonies amicales, arriva
et coula dans toutes les coupes. M. Levée, con-
seiller municipal du quartier du Palais-Royal, but
à ma santé, et, dans un petit discours savamment
improvisé, il dit toute la joie qu'il éprouvait d'avoir
parmi ses électeurs du premier arrondissement
un poète digne à tous égards de sa sympathie et
de son admiration.

Après lui, M. Maurice Barrès leva son verre
à la santé de son compatriote le sculpteur Léo
Roussel, qui avait si fidèlement reproduit ses
traits dans le médaillon en bronze qu'il avait eu
mission d'exécuter. Puis en quelques paroles élo-

quentes il exprima toute sa gratitude au poète et
à l'artiste qui dans une même communion de bons
sentiments et de générosité lui avaient procuré
cette belle et douce surprise.

— La poésie et l'art, dit-il, ont été en tous
temps les précieux auxiliaires de toutes les fêtes,
c'est pourquoi ce soir je m'estime heureux et fier
de me trouver au milieu de ces hommes simples
et grands que le culte de la reconnaissance
anime et qui, tout en obéissant à leur cœur vraiment bon, gardent toujours pieusement l'amour
traditionnel de la beauté éternelle. »

Ces belles paroles furent la clôture de cette
cérémonie amicale, et lorsque Barrès et tous ses
fidèles, formant son escorte, se furent retirés, les
quelques intimes, qui, à toutes les heures de ma
vie pénible et fiévreuse surent me réconforter de
leurs encouragements et de leur affection, restèrent
à mes côtés, longtemps encore, en évoquant avec
moi les doux souvenirs du passé.

Il y avait là, André Jayet, le vieux compagnon
de toutes les batailles littéraires ; Ludovic Gou-
vernet, Alfred Daguet, Léon Allemand, Jean Caze-
nave, Léon Gagnier, Louis Rigaux, et autres bons
amis dont la fidélité a été un puissant réconfort
dans mes instants d'hésitation et de doute.

Très tard, dans la nuit silencieuse, nous échan-
geâmes longuement nos sincères impressions sur
la petite fête qui venait d'avoir lieu, puis chacun
y fut de sa composition poétique.

Pendant de longues et douces heures, le souffl

divin de la sainte muse mit de l'émotion et de la griserie dans nos âmes, et lorsque l'aurore qui est la messagère du courage et de l'espoir, vint nous offrir son rose sourire, bien à regret nous nous séparâmes.

CONCLUSION

Me voilà arrivé au dernier chapitre de ce livre, qui est en somme le résumé très sommaire de ma vie, faite toute de travail.

Après le récit des rudes efforts que j'ai accompli pour m'instruire, vivre et faire vivre les miens, il est de mon devoir de conclure, en essayant de tirer une morale ou de dégager un enseignement de cet acte quelque peu révolutionnaire, par lequel, en posant ma candidature prolétarienne à l'Académie française, je voulus affirmer une théorie sociale et jeter dans l'esprit moderne un principe qui aura sûrement ses effets dans l'avenir.

En *cognant* ainsi à la porte de l'Institut au nom de la classe ouvrière, j'ai voulu, en effet, proclamer devant la France démocratique qu'un humble citoyen, ayant écrit quelques livres honorables devant l'analyse et la critique devait nécessairement, avec le temps, trouver bon accueil et fraternel asile au sein de l'illustre compagnie.

C'est là, je crois, donner à tous les modestes écrivains, qui sont mes frères souvent méconnus, un libre exemple de courage et de hardiesse. Si

j'ai eu l'audace de revendiquer un droit égali-
taire, qui, avec les lois logiques et fatales de l'évolution sociale s'affirmera et se réalisera inélucta-
blement, dans un avenir très prochain, c'est, qu'ils
le sachent bien, plutôt en leur propre nom, que
pour la gloire illusoire de me parer de l'habit vert
et de ceindre l'épée qui ne vit point le sang...

Il me reste un espoir : c'est que ceux-là qui
s'aviseront après moi de répéter mon *geste* de
candidature plébéienne devant la docte assemblée,
sauront retourner et ensemencer plus aisément le
sillon que j'ai ouvert, où j'ai enfoui le germe de
l'idée, et aussi que par un nouvel et définitif effort ils arriveront enfin à la faire porter ses fruits.

Car cette initiative, toute de raison et de justice
— initiative dont je suis fier d'être le promoteur
— fera son chemin, n'en doutez pas. Elle le fera
en dépit des préjugés aveugles et sourds d'une
certaine catégorie d'esprits immobiles et réfractaires à tout progrès humain, en dépit aussi des
ironistes et des sarcastiques de boulevard, vifs
amuseurs et endormeurs des foules. Elle fructi-
fiera, dis-je, parce qu'elle est neuve, moderne et
correspond logiquement aux aspirations généreuses d'une époque qu'enfièvre magnifiquement et
qu'exalte vers un plus vaste idéal, un souci plus
impérieux de progrès sans cesse et de progrès
toujours !

Dans l'état actuel de la société contemporaine,
l'honnête succès littéraire comme la fortune bien
acquise tendront de plus en plus à n'appartenir

qu'à ceux qui par des moyens audacieux mais
loyaux, auront œuvre pour conquérir l'une ou
l'autre. Trop de triomphes factices, trop de richesses usurpées ont mis en vedette des individuali-
tés qui ont dérobé aux véritables travailleurs leur
juste part de laurier. Le temps n'est pas encore
venu, où, au jardin de la notoriété, seront seuls
couronnés ceux dont le labeur fut sincère, quelle
que soit leur origine, quelle que soit leur probité
d'ouvrier de la pensée. Mais ce temps approche.
Je l'entends venir. Et si j'ai échoué au seuil que
gardent les lions accroupis, je conserve du moins
pour moi la fierté d'avoir posé ma main rude au
heurtoir et d'avoir vers l'amphithéâtre d'où quarante immortels nous contemplent, crié, hérault
des petits et des oubliés : « Ouvrez, c'est le Peuple qui frappe et réclame son fauteuil. » Cette
fierté-là je l'emporterai dans la tombe. Elle m'accompagne dans la vie future. Et c'est ainsi qu'elle,
au moins, sera immortelle !...

TABLE DES MATIERES

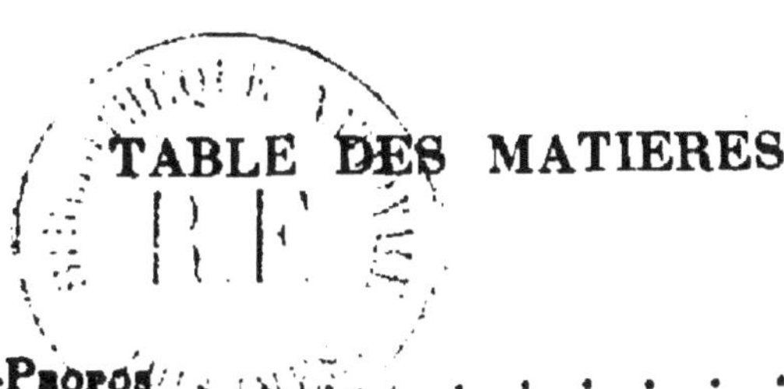

X

En Angleterre

XI

En Belgique

XII

En Suisse

XIII

En Italie

XIV

A Rome

XIX

Chez Édouard Drumont

XX

Chez Henry Houssaye

XXI

Chez Jules Troubat.

XXII

Chez Alphonse Daudet

XXIII

Chez le prince de Lusignan

XXVIII

XXIX

XXX

XXXI

XXXII

XXXIII

XXXIV

Chez Maurice Barrès

XXXV

Chez Jean Richepin

XXXVI

Chez Gabriel Hanotaux

XXXVII

Chez René Bazin

INDEX DES NOMS CITÉS

MAYENNE, IMPRIMERIE CHARLES COLIN

www.ingramcontent.com/pod-product-compliance
Lightning Source LLC
LaVergne TN
LVHW020954050726
842519LV00001B/254